犯罪といじめから子どもを守る幼児期の生活習慣

子どもたちの幸せな未来ブックス第5期②

ほんの木【編】

ほんの木

はじめに

本書は小社が２００２年から発刊している、年６冊隔月刊「子どもたちの幸せな未来」シリーズ、第５期（５年目）第２号に当たります。主に０歳から７歳までの幼児期の子育てで、とりわけ今重要なテーマのみを、単行本の形態で発行してきました。

今期第１号は『少子化時代　子どもを伸ばす子育て、苦しめる子育て』ですが、これと同様に、第２号も編集部の独自の仮説に基づく企画です。

多発する子や親を不安に陥《おとしい》れている犯罪が後を断ちません。近所の公園にすら子どもを一人で遊びに行かせられない時代になってしまいました。また、小学校に入いると、いじめが日本中の多くの学校で起こっており、自殺に到る子どもたちも決して少なくありません。

交通事故も相変わらず頻発《ひんぱつ》しています。道路は危なく、その上、大人たちによる、凶悪な犯罪、時には子ども同士の事件すら続発しています。

どうやってわが子を事件や犯罪から守ることができるのか。小学校にあがる前の幼児期から、予防することはできないのだろうか。編集部では、一つの仮説として、幼児期の子育ての中で、また、しつけや生活習慣を注意することで、子どもたちに自然に予防力を身につけさせられたら、少しは防げるのでは、と考えました。

犯罪やいじめの起きる特徴や、条件を分析し、それに対処する生活習慣を子どもに与えることができるのは親しかいません。もちろん、幼稚園や保育園の教師や保育者も十分な認識の上で安全への導きを子どもたちに伝えることが大切なのは言うまでもありませんが、何といっても、家庭であり、親です。

この本は、子どもたちへの犯罪やいじめなどの専門家の方々に、親や子どもを指導する先生方にとって役に立つ予防法や、注意点について、さまざまな角度から取材をさせていただきました。ご協力くださったご登場の国崎信江先生、小宮信夫先生、毛利元貞先生、内田良子先生には心より感謝申し上げます。恐らく、きわめて有意義で効果的なヒントやアイデア、工夫、気付きが語られていると確信します。日常の子育ての中で、できることから取り入れ、子どもの安全、安心を家庭、地域、学校で守っていただければと思います。

いじめも犯罪も、その予防のために最も大切な点は、親子の真の豊かなコミュニケーションの確立と、安心、安全で子どもが帰属感を持っていられる家庭の存在であろうと思われます。子は親に、自分を受け入れ、自分の言い分をいつも聞いて欲しいと願っています。

子どもが自己肯定感を持ち、自立した人間として巣立ってゆくまで、親が全力で子育てに力を尽くしたいものです。子どもたちの心に耳を傾け、目を向け合って、安心、安全な日々を築かれるよう、この本が役立つことを願ってやみません。

ほんの木編集部

もくじ

第1章
犯罪に巻き込まれないためのしつけ——9
国崎信江（危機管理対策アドバイザー）
無差別の犯罪が増えている現在では、わが子がいつ被害に遭《あ》ってもおかしくない　11
子どもを犯罪から守るしつけの基本はパーソナル・スペースを身につけること　19
〝安全しつけ〟は子どもの成長によって、徐徐に親の手から子どもの自覚へ　30
親同士の協力、地域のネットワークを広げよう！　41

第2章
人から場所へ　犯罪への親の態度と心構えを変える——51
小宮信夫（立正大学教授）
犯罪を避けるには、「人」に注意するのではなく「場所」に注目する　53

危険な場所は「入りやすい」「見えにくい」 63
小さな犯罪的な行為の積み重ねが大きな犯罪を呼び込む 68
人間社会と人間力を養成していく安全マップづくり 74
本当の安全対策は「人を助けることが自分を助けること」と知ること 83

第3章 あなたの子どもの安全を確認する10のポイント —— 89

毛利元貞（脅威査定コンサルタント）

あなたの子どもは直観（誰かの存在による不快さ）を学んでいますか？ 96
子どもが挑発的な反応を見せても、怒らずに話を聴けますか？ 100
あなたの子どもは、他人からのちょっかいや申し出を拒絶できますか？ 104
あなたの子どもは適切な自己表現ができますか？ 109
あなたの子どもは適切な人を見つけ、助けや援助を求められますか？ 112
あなたの子どもは、自分の身に起きた危険をちゃんと報告できますか？ 114

あなたの子どもは万が一の場合、自分の体を自分で守れますか？　117
子どもが自己防衛のために誰かを傷つけたとしても、親として支援できますか？　119
あなたの子どもは平気で大声を出したり、逃げることができますか？　122
連れ去られることに感づいた時、あなたの子どもは抵抗できますか？　124
【わが子を守る基本安全ルール】　126

第4章

いじめ、自殺から子どもを守るには——129

内田良子（心理カウンセラー）
小さい子どもへのいじめは、大人の態度が影響する　131
行きたくないと言ったらまず言い分を受け止める。園や学校の枠の外でも、子どもは成長する　138
親も学校や園に対してきちんとした主張をすることが大事　146

第5章

「心の闇《やみ》」という危機を癒《いや》す親の力 155

毛利元貞（脅威査定コンサルタント）

安全のために親がまず注意すべきことは、自分の心と子どもの心の闇を知ること 156

家庭で心が満たされていないと性犯罪の誘因になる 160

自尊心が過剰に高まった子どもは、感情が衝動的に爆発して犯罪を犯す可能性がある 163

子どもの話を聴く時は作業をやめ、からだ全体で受け止めるような気持ちで 168

親子のコミュニケーションがきちんととれていれば、被害者にも加害者にもなりにくい 172

【わが子が被害にあった時の対処の仕方】 176

「子どもたちへの贈り物」 179

キンポウゲの種

大村祐子　ひびきの村ミカエルカレッジ代表

あとがき 189

装幀・デザイン　渡辺美知子
イラスト（カバー&本文）　藤村亜紀
イラスト（カバー背）　はせくらみゆき

第1章 犯罪に巻き込まれないためのしつけ

国崎信江（危機管理対策アドバイザー）

この章のポイント

- ●無差別の犯罪が増えている現在では、わが子がいつ被害に遭《あ》ってもおかしくない
- ●子どもを犯罪から守るしつけの基本はパーソナル・スペースを身につけること
- ●〝安全しつけ〟は子どもの成長によって、徐徐に親の手から子どもの自覚へ
- ●親同士の協力、地域のネットワークを広げよう！

国崎信江●危機管理アドバイザー

危機管理アドバイザー。外資系航空会社の機内通訳を経験、結婚を機に退職して主婦となる。女性として、母として「子どものいのちを守る」研究を中心に独自の視点で防災・防犯対策を提唱している。

内閣府中央防災会議「首都直下地震避難対策等専門調査会委員」、内閣府所管「防災教育チャレンジプラン実行委員」、NPO国境なき医師団理事などを務める。著書は『犯罪から子どもを守る50の方法』『地震から子どもを守る50の方法』(ブロンズ新社)、『狙われない子どもにする！　親がすべきこと39』(扶桑社)、『わが家のチャイルドセキュリティ』(一ツ橋書店)など多数。

http://www.kunizakinobue.com/

●ポイント1●

無差別の犯罪が増えている現在では、わが子がいつ被害に遭《あ》ってもおかしくない

■■■■■「うちの子は大丈夫」はホント？■■■■■

子どもを狙った凶悪な犯罪が頻発《ひんぱつ》し、毎日にように罪のない子どもたちが犠牲になっています。しかし、昔は子どもを対象にした犯罪がなかったかというとそんなことはありません。昔もあったのですが被害が減ることはなく、むしろ増加しているのです。それは、子どもの安全に対する親の意識の低さや無関心さがあるからだと私は考えています。

私は一人でも多くの子どもを危険から守るために、危機管理対策アドバイザーとして全国各地に行き、子どもを犯罪からいかに守るかという話をしています。しかし、「いろい

ろ事件は起きているけれど、うちの子は大丈夫だろう」という気持ちがどこかにあります。でも、その根拠を問うと、誰も答えられません。根拠のない安心感に頼って生きている、という感じがします。つまり、当事者意識がないのです。

多くの親にとって、例えば二〇〇五年に栃木県で起こった幼女殺人事件は栃木県のことであり、広島県の幼女殺人事件は広島県のことで、自分とは関係ないのだと考えています。どこか別のところで起こった事件と捉《とら》えることで、自分の子どもは安全だと思いたいということもあると思います。

しかし、東京の羽田空港から1時間半も飛行機に乗れば、日本中どこにでも行けるわけですから、仮に東京で犯罪を犯しても2時間後には犯人は日本国中どこにいるのかわかりません。犯罪の翌日であれば、あなたの町に潜《ひそ》んでいる可能性もあるのです。例えば、栃木県今市《いまいち》市の事件の容疑者は、まだ捕《つか》まっていません。容疑者がどこに潜んで暮らしているかはわかりません。それなのに、栃木の人達が地域パトロールをしたり、毎日子どもの送り迎えをしているのを、ひとごとのように見ているだけでいいのでしょうか。

「そんなに心配しなくてもだいじょうぶ」「過保護すぎるのでは」という声もありますが、子どもの命を守るということを考えなければ、現代の子育てはできません。当事者意識を持って、あの事件では何が問題だったのかと、自分なりに答えを見つけていかないと、いつまで経っても「まさか、うちの子が……」ということになってしまうと思います。

では、当事者意識が希薄《きはく》な親が子どもに愛着がないのかというと、そんなことはなく、子どもに対していろいろな思いを持っています。「この子は将来はスポーツ選手になってもらいたい」という思い、勉強やいろいろな能力の向上、豊かな感性を育てたいと考えている親御さんもたくさんいます。つまり、わが子にいろいろな夢を託し、わが子の夢を叶《かな》えさせてあげたいと願っています。

しかし、そういう思いの根底は「子どもの命が守られている」ということが前提です。言うまでもなく、命がなければ、子どもへの思いも子ども自身の希望も叶えられません。生きていく上にはいろいろな危険があることを再確認し、そこから、わが子をどう守っていくのかを考える必要があります。

その一方で、危険だからといって子どもの身に何も起こらないようにすることはできません。子どもの発達・成長を考えれば、ほどよくケガをしたり、ほどよくケンカしたりすることも必要です。そうした体験を奪《うば》ってまで守ることに固執《こしつ》すれば、過保護になるでしょう。

現在の親御さんたちは、わが子に対して起こりうる危険に対して、どう対応したらいいのかを自分の親世代からは教わっていません。だから、目の前の自分の子どもに突きつけられている安全に対して、何をどうしたらいいのか、経験的にはわからないという方が多いのでしょう。親であれば誰でも、子どもを自由にのびのびと遊ばせたいと考えるでしょう。私もそうです。わが子を限られた場所でしか遊ばせられない不甲斐《ふがい》なさをいつも感じています。しかし、私が子どもの頃と同じ気持ちでいたならば、いまの子どもたちは容易に犯罪に巻き込まれてしまうのです。

私は、子どもには、その発達段階に応じて、世の中にはいろいろな危険があることを生活習慣の中で伝えていかなければいけないと思ってます。子どもにわかるような話し方と内容で、世の中にはこういう危険があるから、それに対してどのように避《さ》けていくのかということを教えていかなければいけないのです。外に出せば子どもは勝手に自主的に安全について考えるのではないかと思っている親がいますが、何も教えないままで外に出すのは無責任です。

子どもが一人でおつかいに行ったり、おじいちゃんやおばあちゃんの家に行かせるとかいったことは、まず安全対策をしっかり教え、これならまずは、間違いなく大丈夫だろうとなって初めてできることだと思います。子どもが安全についてしっかり理解し、それを回避できる能力が身につけられた時点で自由にすればいいと思います。その意味では、親も子どもも生活の中には危険があるということをしっかり認識するということがスタートです。このチャプターの終わりの項目の防犯対策表をチェックして、自分の安全意識度を認識してください。自分にとって危険とはなんだろうかと考えるのがいいでしょう。

■■■■ 狙われにくい子ども、狙われやすい子ども ■■■■

子どもへの犯罪といえば、かつては身代金《みのしろきん》目的の誘拐《ゆうかい》や恨《うら》みを晴らすための犯行でしたが、最近はそういった犯罪は減り、いたずら目的や無差別の犯罪など、「誰でもよかった」「たまたま」といった、目的が曖昧《あいまい》で不可解な犯罪が増えてきています。「被害者は誰でもかまわない」ということは、「わが子がいつ被害に遭《あ》ってもおかしくない」ということです。

では、無差別な犯罪は防ぎようがないのでしょうか？

警察関係者によれば、無差別な犯罪よりも特定の人を狙った犯罪の方が予防は難しいのだそうです。24時間一瞬のスキも作らずに生活するのは不可能ですが、たまたま狙われる場合には、そのたまたまを犯罪のチャンスにさせないようにすればいいわけです。

犯罪が成立するには加害者がいて、被害者がいて、犯罪を起こす環境の三つの要素が必要です。どれか一つが欠けても犯罪は成立しません。「たまたま」が、「たまたま」ではなくなるわけです。その意味では、特定の子どもが狙われるよりも、無差別で行われる犯罪の方が対策は立てやすいと言えるでしょう。

そこで、私たちがこの三つのうちでできることは何かを考えてみると、まず加害者を作らないことはできません。環境についても個人ですぐ対応するのは難しいし、時間がかかります。とすると、被害者にならないようにするしかありません。つまり、自分の子どもを狙われにくくすることです。

例えば、警戒心のある子は狙われにくい子どもです。逆に、警戒心がなく、無防備な子どもは狙われやすいといえます。無防備の中には、寄り道をする、人なつこい、性知識がない、といったことが含まれます。

また、最近の子どもは、肌の露出が大きくてスカートの丈が短かいといった、いわゆる「ギャル系」のおねえさんが着る大人の服をミニチュアにしたような、ファッション性の高い服装をしている子がいますが、こうした服装は「ギャル系」のおねえさんに相手にされない人を、擬似《ぎじ》的に子どもに向かわせる犯罪発生の可能性を高めます。犯罪者は子どもをどういう目で見ているかわかりません。相手を刺激しないような服装が大切ですし、何かにひっかかりやすい、ひらひらしたような服装は、子どものケガを考えても危険だと思います。私はファッションにこだわるのはもっと大きくなってからで十分だと思います。

まずは安全な服装にすることです。

わが子が狙われにくいか、狙われやすいかの目安としては、次頁の安全チェックシートを行って、見直すきっかけにしてください。

安全対策チェックシート［子ども用］

（国崎信江作成）

下記の質問についてあてはまるものに◯をしてください。

①学校から家までの登下校の道で危険な場所がないか確認している。	
②こども110番の家がある場所を知っていて、挨拶に行ったことがある。	
③遊びに行く時おうちの人に行き先、帰る時間を伝えている。	
④親以外の人は誰であっても「パーソナルスペース」（対面している相手がもしおかしな行動をしてきても、いつでも逃げられる自分の安全エリア、空間のこと。22p参照）の距離を保っている。	
⑤なるべく一人にならないように意識している。一人のときはまわりに注意して足早に帰っている。	
⑥人がいない場所を通らず、隠れやすい場所や助けを呼んでも来てくれない場所には近づかない。	
⑦トイレは外や建物の中にかかわらず、一人でいかない。一人の時には助けを呼びやすい入口近くの便器を使っている。	
⑧親といる時、迷子にならないよう、離れすぎないように気をつけている。	
⑨集合住宅のエレベーター、廊下、階段、駐車場など、敷地内であっても安心しないで、常に周りに注意している。	
⑩一人でいる時にはとくに近づいてくる車から離れ、警戒している。	
⑪名前を呼ばれても、優しそうな人であっても近づきすぎず、警戒する気持ちを忘れない。	
⑫外に出る時は下着や肌が見えないような服装を意識している 。	
⑬交通事故防止のため、洋服は目立つ色を着ている。	
⑭いつでもしっかり走れるような靴をはいている。	
⑮玄関の鍵を開ける時には周りを見てすばやく入り、鍵をかけている。	
⑯家に入る時には家の人がいなくても「ただいま」といって入っている。	
⑰留守番の時、しっかり戸締りをしてチャイムが鳴っても出ない。	
⑱留守番の時、電話は留守番電話の設定にして出ないようにしている。	
⑲知らない人に友だちのことを聞かれても教えていない。	
⑳日ごろから親や先生と安全について話をしている。	

さて、◯はいくつありましたか？　＿＿＿＿＿個

●ポイント2●

子どもを犯罪から守るしつけの基本はパーソナル・スペースを身につけること

3件に1件は知り合いからの犯罪

子どもを犯罪から守るというと、すぐに「知らない人にはついていっちゃだめよ」「知らない人が話しかけてきたら逃げなさい」といった教育をする親が多いのですが、一方で、人への信頼を教えたいのに誰も彼も疑いなさいと教えてしまうようで、どうしたらいいのか困っているという話をよく耳にします。

私は講演会や防犯教室で話をする時に、参加者のみなさんに「自分が思う不審者」の絵を描いてもらうことがあります。その絵を張り出してみると、ほぼ全員が痩《や》せ形の男性で、黒いサングラスをかけていたり、帽子やマスクをしていて、人相も服装も似通っていることに気づきます。それをまとめてみると「だらしない服装をした無職風の40歳くらいに見える男性」というイメージであることがわかります。

確かに男性が犯人である割合は高いのですが、女性の殺人犯も決して珍しくありませんし、主婦やお年寄り、あるいは子どもが犯人であることもあります。「スーツを着た人なら心配ない」とか「やさしそうな女性ならついていっても大丈夫」ということはありません。また、顔を知っている人なら安心だとも言えません。事実、2005年に起きた15歳以下の略取《りゃくしゅ》（暴力や脅迫《きょうはく》で奪い取ること）や誘拐《ゆうかい》事件のうち36％は、被害者の知り合いでした。

どんな人がどんな目的で子どもに接しようとしているのかはわかりません。長くつきあっていても「まさか、あの人が……」「うちの職員が……」ということもよくあります。1999年、東京都文京区音羽で2歳の女の子を殺害した事件の犯人は、同じ園のお母さんでしたし、秋田県藤里町の連続児童殺害事件の場合は2軒隣のお母さんでした。これでは大人でもわかりません。そういった中で、子どもに、あの人はいい人だから近づいてもいいよとか、あの人はダメだよと個別に教えることはとても難しいことですし、それを子どもに一瞬に判断しろというのは無理があります。また、特に小さな子どもに「このケースにはこうして。でもこっちの場合にはこうだよ」という言い方は迷わせてしまうだけです。判断に迷うようなことを教えることは、一瞬の生死を分けることにもなりかねません。その意味では、「知っている人に会ってもついていっちゃダメよ」と言わなくてはならないというのはその通りだと思います。

地域の人たちは、子どもにやさしくしようとして声をかけても、最近の子どもはすぐに逃げてしまう、と言います。しかし、親としてはいろいろな事件が起こっているのを見ると「近所の人なら近づいていいよ」とも言えませんし、「声をかけられたら返事をしようね」とも言いにくいのが実情ではないでしょうか。

だからといって、それでいいとも思ってはいないはずです。子どもの心の成長を考えると「この世の中では誰も信じられない」と伝えることは決してよい影響を与えないし、ちょっと声をかけられただけで、パッと逃げてしまうのはよくないと思っていても、実際にはそう言わざるを得ないのでしょう。親の側も地域の人もそれぞれが「どうしたらいいのか」という気持ちがあると思います。

■■■■■ 安全なスペースをしっかり確保する ■■■■■

私は、車での連れ去りや公園などでの人による連れ去り、いたずらなど、いろいろなケースを当てはめてみて、多くのケースに有効な手だてはないだろうかと考えてみました。そして、誰と接する時でも自分の安全な距離をしっかり確保するということを基本にすることにしました。誰も彼も疑えという前に、誰と接する時でも自分の安全な距離を確保してから接するようなしつけをする。ある程度の距離をとって話せば、もし相手がおかしな行動をしてきても逃げるスキができます。常に自分の安全なエリア、空間を維持しながら誰かと接するということであれば、いざという時も対応できます。

人だけでなく、車にも近づきすぎない。声をかけられても近づきすぎない。必ず「この距離を保っていれば、万が一の時にも逃げ出せるというスペースを取りながら相手と接する」ということを子どもに伝えるわけです。あの人はいい人だから近づいてもいいよとか、あの人はダメだよと個別のケースに対応するのではなく、つねに一定のスペースをとるのであれば、積極的に地域の方と挨拶もできますし、普通に会話もできるわけです。その距離感を私は「パーソナル・スペース」と言っています。

パーソナル・スペースは私が接客業をしている時に社員研修の中で教わったのですが、お客様と接する時に互いに不快感を持たせない距離ですから、社会的な人間関係にも有効です。人と人との間には、近しい人にしか入ってきてほしくない距離、近すぎると不快な距離があります。逆に離れすぎても「どうしてそんなに離れるの？　私のことを警戒しているのかしら」と思われてしまいます。お互いに不快感を持たない距離がパーソナル・スペースです。これが自分の身を守る距離にもなるのです。

パーソナル・スペースを実際に子どもに教える時には、言葉で言ってもわかりません。お互いに向かい合って前え倣《なら》いをし、互いの指と指がつかない距離くらいは離れていようと言います。実際に立って、子どもと向かい合って、手を伸ばして「このくらい離れていれば、何かあっても逃げられるね」と教えるのです。実際の距離感を子どもがつかまないと普段使えませんから、何かの機会があるたびに何度もやって、頭で考えるよりも体が反応できるようにしましょう。そうでないと、いきなり引きずり込まれてしまったり、騙《だま》されてついていくということにもつながりかねません。遊びの延長のようにして、一緒にやって身につけさせることが大切です。

つまり、しつけとしてパーソナル・スペースを子どもの身につけさせるのです。

■■■■■ 不審者が迫った時の対処 ■■■■■

実際に不審者が子どもに接触してきた時には、子どもはどう対処すればいいのかということも教えておく必要があります。

①大声で叫ぶ

まずは大声を出して威嚇《いかく》することです。「キャー!」という叫《さけ》び声は子どもがふざけていると誤解されるかもしれませんし、悲鳴を喜ぶ不審者もいます。「帰れ!」「来るな!」といったはっきりした拒絶の言葉を発すれば、そうした誤解はありませんし、具体的で勇ましい言葉を言うことで相手をひるませたり、自分自身に勇気が湧《わ》いてきます。また、勇気を持って対処したことは、事件後の心の立ち直りにも影響します。

②相手をにらみつける

正面から相手の目を見すえて視線を捉《とら》えます。何人もの子どもがいる場合は、全員からにらみつけられると不審者はひるみますから、スキを見て逃げるのです。

③タッチ＆ゴー

　不審者がつかまえようとしてきた時は、即座にしゃがむと、相手は一瞬ひるみますから、そのスキをついて逃げます。足を踏むとか急所を蹴《け》るというアドバイスもありますが、子どもの力ではそれほどうまくいくとは限りませんし、相手を刺激し、最悪の結末を招くこともありますから私は勧《すす》めません。

④ダダをこねる

　最終的に捕まりそうになった時には、地面に仰《あお》向けに寝転がり、大声で叫びながら手足をばたばたさせてとにかく暴れることです。必ず助けに来てくれると信じて最後まで諦《あきら》めずに、周りの人が気づいてくれる

よう時間を稼ぎましょう。立ったままだと抱きかかえられてしまう可能性がありますが、寝転がった姿勢でだだをこねると、上体を起こして連れ去ろうとしても時間がかかります。

いざという時にすぐに体が動くように、わが家では、私が不審者になって遊びながら練習しています。

危険な場所を具体的にイメージする

子どもが犯罪に遭《あ》いやすい場所として、トイレがよく挙《あ》げられます。公衆トイレは密室なので、犯罪をもくろむ人にとっては絶好の隠れ場所になります。スーパーや大型店舗で発生した事件でもっとも多いのは、トイレでの性的な暴行だというアンケート結果もあるほどです。

そこでわが家では、トイレに行く時には大人と一緒か、友だちと二人以上で行くように子どもに言っています。また、トイレの中まで親が行けない場合は入り口で出てくるまで待つようにしています。

買い物をしている途中で、子どもに「トイレ」と言われると、つい「一人でいけるでしょ」と言ってしまいがちなので、買い物が長くなりそうな場合は、お店に着いたら先にトイレを済ませるようにもしています。

しかし、犯罪に遭いやすい場所はトイレだと記憶するのではなく、犯罪者が隠れやすい場所、人が潜《ひそ》みやすい場所はどこかと考えることの方が大切です。あるいは、子どもが声を出しても助けに来てもらえない場所や暗い場所はどこだろうと考えてみると、道路から奥まった場所があげられますし、映画館やトンネルといった場所も含まれます。叫び声がかき消されてしまう電車の高架下や工事中のうるさい場所も危ない場所に挙げられます。

さらに、時間帯や季節によって安全な場所から危険な場所に変わる場所もあります。例えば学校は安全というイメージがありますが、放課後の学校や深夜の学校について考えると時間によってまったく変わることがわかります。夏と冬の海、朝と昼と夜の公園もまったくそのようすは違います。

また、人がたくさんいても、みんなが一つのことに夢中になるところは安全とはいえません。人の集まる花火大会でも、みんなが花火を見上げている時は、足下からは注意が逸《そ》れますから、子どもが連れ去られても気づかないかもしれません。縁日やキャラクターショーも同じです。人混みがあるということは、犯罪者が紛《まぎ》れ込みやすい場所でもあるということも覚えておいて欲しいと思います。

このように、時間や季節によって変化する場所を捉《とら》えておかないと、学校だから安全という認識では逆に危険なことになってしまいます。つまり、パターンでハウツー的に危険な場所を覚えるのではなく、事実を見て創造力を働かせ、その場所にその時間に自分の子どもが行った時にはどうなのかとイメージすることが大事なのです。こうしたことを知っておくと、どこに行っても応用が利《き》きます。

そういう場所があなたの地域のどのへんにあるか、といろいろイメージして、地図の上に描いてみると防犯マップとして役立つものができるでしょう。

なお、車に乗せられてしまうと保護される確率は激減します。乗ったら最後だと親が自覚して、子どもには絶対に人の車に、一人でも、友だちとでも乗らないように日頃から言い聞かせてください。

また、高層住宅に住んでいると、毎日のようにエレベーターに乗ることになりますが、エレベーターは狭い密室ですから、不審者と二人だけになると逃げようがありません。やむをえず、知らない大人と乗り合わせてしまったら、操作盤のそばに壁《かべ》を背にして立つようにさせてください。

この位置にいれば、何かあった時に素早くパネルを操作できますから、いざという時にはボタンを押して止まった階に降りられるからです。

●ポイント3

〝安全しつけ〟は子どもの成長によって、徐徐に親の手から子どもの自覚へ

幼児期の子どもの安全は100%親の責任

子どもを犯罪から守るには安全へのしつけが大切ですが、小さな子どもに生活の中に危険があると教えてしまうと、子どもには恐怖心だけが育ちかねません。発達段階に応じたしつけが必要です。

まず、3歳くらいまでの子どもは全面的にまわりの大人が守ってあげなければいけない年齢です。子どもに何かをさせるというよりも、親の意識が大事になってきます。生活における危険を教えるのではなく、親が子どもを守るという意識をしっかりと持つことがな

により大切です。

具体的には子どもから決して目を離さないことです。最近、子どもの近くにいても携帯のメールを見ていて子どもを見ていない親が目につきますが、子どもの姿を自分の視界の中にしっかり捉《とら》えておくことが大事です。特に、子どもは何かに夢中になると急に走り出すことがあるので、歩いている時は絶対に手を離さないことです。もしも手を離して走り出してしまったら、全力で追いかけましょう。子どもは意外とすばしこいので、そのうち捕まるだろうと思っていると、気づいた時にはどこに行ったかわからないということになりかねません。

私が実行していることは、子どもを常に私の前を歩かせるようにして、必ず自分の視界の中に子どもを収めることです。そうすれば子どもの危険が注意できますし、迷子にもなりません。ちょっとしたすきに子どもが迷子になるのは、5、6歳の子どもの視野が大人の視界の半分くらいしかないことも原因です。小さな子どもでは視野はさらに狭いので、大人は少し動いただけのつもりでも、子どもからは見えなくなってしまいます。

また、よく言われることですが、子どもはいつも車の通る反対側を歩かせています。そうすることで、親が「交通安全よ！　車に気をつけなさい!!」と口酸《す》っぱく言わなくても、子どもは親の姿を見て自然に覚えていくのです。

こうしたことはどれも些細《ささい》なことですが、こうした細かいことを日々の生活においてきっちり実行していくことが、子どもを守ることになります。

普段の親の行動が子どもを守るしつけになる

幼稚園児くらいになってくると、だんだんと自我が芽生え、自主性が出てきます。この年齢になったら、絵本を見せたり、紙芝居といった幼児向けの教材を通じて、ストレートではないけれど、なんとなく世の中には危険があるのだということを教えていってもいいでしょう。例えば、お話の中に悪いキツネやオオカミが出てきた時に、まわりに自分を狙う大人がいるということまでは伝えなくても、世の中には危険もあるのだということを、過度に恐怖心を与えない程度に伝えることはできるでしょう。

また、この年齢になったら交通ルールを含めた社会的なルールを、しっかり教えていくことも大事です。教えるにあたってもっとも有効なのは、やはり親が実際にやってみせることです。

例えば、「車に気をつけなさい」と教えていながら、親が信号無視をしたり、青が点滅してしまった横断歩道を渡ったり、面倒くさいからといって横断歩道ではないところを横切ったりしていては、子どもはルールを身につけることができません。親が見ている時は信号を守っていたとしても、いない時には親の真似をして青でない時でも飛び出すかも知れません。ルールを守らなければいけないという、大人の意識が大事です。

おもしろい話があります。困った時に誰に助けを求めるかと子どもに聞いた時に、案外出てこない人がお巡りさんです。先生やお父さんやお母さんという言葉は出てきても、お巡りさんはなかなか出てきません。お巡りさんは怖いと思っている子どももいます。制服を着ていて威圧感があるとか、拳銃を持っていて怖そうということもありますが、それ以外に親の影響が強いのです。例えば、車に乗っていて違法駐車をした場合に、親が「お巡りさんがいないかな」と口にすることがあります。あるいは、スピード違反をしている時に「お巡りさんに捕まっちゃうかも」などと言うと、子どもは「お巡りさんはお母さんやお父さんを捕まえる人」と怖いイメージを持ってしまうのです。

実際にはルール違反をしているのは親であって、お巡りさんは悪くないのですが、そういう親の話や会話が子どもには直接伝わってしまうのです。ですから、親の姿勢をしっかり見せることが大事になります。子どもに交通安全を教えるのならば、親が率先してその姿を見せなければなりません。

駅前に買い物に来て、自転車をとめてはいけないというところにとめる、自転車に乗せるのは子ども一人までというルールを無視して、前と後ろに子ども二人を乗せているといったことを子どもに見せていること自体が、子どもの安全を脅《おびや》かしています。子どもを守るためのしつけや生活習慣をつけるということは、親自身にふりかかっていることです。

つまり、親の姿勢が試されているわけです。

小学校に入る前には防犯教育を

子どもの理解力がかなりできてくる年長さんになったら、何かの機会を見つけて犯罪に巻き込まれることがあることを伝え、立って互いに向かい合って手を伸ばしてというように、具体的にパーソナル・スペースを教えてあげるとよいでしょう。ニュースなどを見てわかる年齢になったら、文字や音声で正確な情報をしらせてあげてもよいでしょう。

小学校に入る前にはきちんとした防犯教育が絶対に必要です。保育園や幼稚園には保護者が送り迎えをしますから、子どもが一人になることはまずありませんし、公園にも一人で行くようなことはないでしょう。まわりにいるのは、園の先生やおじいちゃんやおばあちゃんといった人ばかりなので、世の中には自分を狙う悪い人がいるといったことを、まったく教えられていません。

小学生になると友だちと登下校をするようになりますが、現状では幼稚園や保育園でも家庭でもしっかりした防犯教育が行われていません。小学一年生が狙われやすいのは、無防備な状態でそれまで守られていた状態から社会に放り出されるからです。急に一人で行動する範囲が広がった子どもは、それまで見たことがない物をみつけたり、行けなかった場所に行けるようになります。そこで話しかけてきた人に簡単に騙《だま》されてついていってしまうということが起こりやすいのです。

集団登下校をしていたとしても、玄関まで誰かと一緒ということはありません。必ず一人になる場所ができます。そこを狙われます。実際に起こった事件でも、自宅まであと数百メートルというわずかの距離の間で狙われているケースが少なくありません。秋田県藤里町で被害に遭《あ》った少年は自宅のすぐ近くでしたし、神奈川県川崎市のマンションで上から落とされた子どもは、自宅の目の前でした。

ここまで来ればもう大丈夫だという安心感が、子どもにも大人にもありますが、実際にはそのわずかな間《ま》が危険なこともあるのです。

テレビのニュースを利用するわが家の犯罪教育

わが家ではテレビのニュースが防犯教育の良い教材になっています。ワイドショー的なニュースは絶対に見せませんが、事実をしっかり伝えるニュース番組を選んで、親子で一緒に見ています。そして、子どもが被害者になった犯罪が起こった時には、「いつもだったらおばあちゃんが迎《むか》えに来るのに、その日に限っておばあちゃんが迎えに来れなくて、一人になったところを狙われてしまい、二度と家に帰れないような状態になってしまったのよ」というように、事件についてわかりやすく子どもに説明します。事件の報道が始まったら、「こんな事件が起きたよ。こっちに来て見よう」と子どもに声をかけることもあります。

そして、事件の内容を子どもの言葉に置き換《か》えて説明してから、「もし○○君だったらどうする?」と意見を聞きます。「もしもおばあちゃんが迎えに来れなかったらどうする？」「その時に誰かに声をかけられたらどうする？」というふうに、子どもと一緒に「もし自分だったら」とその事件の当事者になったらどうするかを考えさせます。「結局、その子が一人になっちゃったんだって、それで騙《だま》されてついていっちゃったみたいだよ。そうならないためにはどうしたらいいと思う？」という感じで、いろいろなケースを想定して質問します。

子どもがおかしな答えを言っても最初は否定しません。「ああ、なるほどねェ。そういうふうに考えるんだ。でも、こうだったらどうする？」というように、さらに会話を進めていくことで、子どもが自分で事件を切り抜けられるような力を養いたいからです。

そして最後に「お母さんはこう思うんだけれど」「こういう場合は早く子ども110番の家に逃げこむといいよ」とか「お母さんに電話してから行くのよ」と、具体的に私の意見を言ってアドバイスをします。子どもは「あ、そうか！　そういう考えもあったのか」と気づいていきます。

いろいろな事件についてとるべき手段を考える癖《くせ》をつけることで、いざという時に「正しい判断」をして「素早く行動」できるようになることを期待しているのです。

■■■■ 性犯罪を防ぐには家庭での性教育から ■■■■

子どもを狙った犯罪には性犯罪もあります。性犯罪というと親御さんの中には「うちは男の子だからよかった！」と思う人がいます。確かに女の子の被害が多いのは事実ですが、男の子の被害も少なくありません。男の子だから大丈夫というのは思いこみにすぎないのです。

性犯罪に対して備《そな》えるには、まず家庭で性教育をしておくことだと思います。私は子どもと一緒にお風呂に入った時に、「○○くん、いまはお母さんが体を洗ってあげているけれど、もう少し大きくなったら一緒には入れないし、自分の体は自分で洗うんだよ。男の子と女の子の体の違いがわかる？　そこは自分にとって大事なところだから、誰にも見せちゃいけないし、誰にも触《さわ》らせちゃいけないんだよ。もしも誰かが触ろうとしたり、見せてって言ったり、その人のものを触ってっていわれても、はっきりと『イヤだ』というんだよ」といったことを小さい頃から話していました。

普通の会話をしていて、とってつけたようにこういった話をしても、子どもは「どうしてそんな話をするんだろう」ときょとんとしてしまうでしょう。その点、お風呂に入っている時であれば、自然に話すきっかけができやすいと思います。

子どもへの性犯罪は、年齢によっては自分が何をされているかわからないので、「性犯罪」として意識していない子どもが多いものです。ですから私は、子どもが小さい時から時どき、「誰かにこちょこちょとくすぐったいようなことをされたことはなかった？」というような聞き方をしています。

寝る前に「今日は一日どういう日だった？」とか「何かイヤなことはなぁい？　気になることなぁい？」というようなさりげない会話の中から、「そういえば、小さい時にイヤなことがあったっていったけれど、最近はそういうことはなぁい？」というような会話をしています。

子どもは自分から言うのは恥ずかしいでしょうし、話すタイミングがなかったりするでしょうから、こちらからなるべくさりげなく聞いてあげれば、「よかった、ちょうど言えた」という感じになると思うのです。長男は小学校の上級生になりましたが、私はいまでも定期的に聞いています。

性的なことは、多くの方が家庭の中でどう教えていいのかわからないために、タブー視したり、触れないようにしていると思います。しかし、親が意識的に話題にしないようにしたり、無関心を装《よそお》って、そのイメージがこびりついてしまうと払拭《ふっしょく》するのは大変です。折に触れて、性犯罪のこと、妊娠のこと、性病のこと、愛情表現のことなど、自然に伝えていきましょう。

●ポイント4

親同士の協力、地域のネットワークを広げよう！

子ども110番の家と普段からつきあおう

玄関先に「子ども110番の家」というステッカーや旗《はた》をかかげている家を見かけたことは、誰もがあるはずです。子どもがトラブルに巻き込まれそうになった時に、緊急に駆《か》け込める場所であり、犯罪から子どもを守る役割をになっています。「子ども110番の家」は全国に約131万ヶ所もありますが、「ステッカーを見たことはあるけれど、どの家が子ども110番の家なのかすぐには思い出せない」「子ども110番の家の人と話したことがない」という人が非常に多いのも事実です。

その存在があることはわかっていても、どこにあるのか知らなければ、いざという時に役に立ちません。また、知らない人の家に突然駆《か》け込むには勇気がいるでしょう。そこで、私は、家の近くにある「子ども110番の家」に子どもと一緒に挨拶に行くことにしています。

私の住まいと名前を名乗り、「子ども110番の家のステッカーを見たので挨拶に参りました。お世話になることもあるかと思いますので、その際はどうぞよろしくお願いします」と言い、子どもにも名前と学校名を言わせて挨拶をしました。

相手の人に名前と顔を覚えてもらい、顔見知りになっておけば、子どもに何かがあった時に「あの家に逃げよう！」と思い出すことができると考えたからです。この時、不在になる時間、対応してくれる人が家族の誰であるのか、門の開け方やチャイムの場所などを確認しておくことも大切です。

■■■■ 見えないガード=母親のネットワーク ■■■■

子どもがある程度大きくなってくると、子ども同士で友だちの家に行ったり、友だちが待っている公園に行くということがあります。その際、親は子どもが歩く道筋や公園の安全性がきちんとイメージできるかどうか確認してください。イメージできないのであれば、最初は親も一緒に行って知っておくべきだと思います。そして、一緒に歩きながら「ここは危険だから行かないようにね」というようなことを子どもにきちんと伝えた方がいいでしょう。

私は「ここで遊ぶ時はあっちのトイレを使わないでね」と言って、なるべく人のいるトイレを使わせたり、公衆トイレよりはコンビニのトイレにしなさい、と教えています。

次から子どもだけで行くのであれば、友だちの家族とのルールを決めるといいでしょう。私は、家を出る時、帰る時、そして、場所を移動する時――例えば、友だちの家でゲームをしていたけれど、サッカーをするためにどこかに行く時――には、連絡するように言っています。そうしておけば、子どもに何かトラブルが起こって連絡があっても「そこにいるはずはありません」というようなことは起こりません。

そうは言っても子どもはついつい忘れてしまいます。そこで、お母さん同士で「今着きました」「これから帰りますよ」という連絡をしあうようにするといいでしょう。「これからどこそこへ遊びに行くと言っています」という連絡をすれば、「では、○時になったら私がその公園へ迎えに行きます」ということもできます。
私は、よそのお母さんへ次のように対応することに決めています。

①友だちが遊びに来る場合

・わが家に着いた時に「今着きましたよ」と相手の親に連絡を入れます。
・帰る時は「今から帰ります」とか「遅いから車で送ります」など、帰宅する時間と帰宅方法を連絡します。

②友だちの家に遊びに行く場合

・相手の家に着いたら、子どもの携帯電話から私の携帯電話に電話し、友だちの親に代わって帰宅時間や帰宅方法を決めます。携帯電話がない時は、電話を貸してもらいます。
・帰宅の時間が近づいたら、「今から迎えに行きます」と友だちの親に連絡を入れます。

子どもが行動する範囲が親の頭に中に入っていて、親同士のルールを習慣にすることができれば、子どもを守る見えないガードをかけることができると思います。

■■■■■ 夫婦間で教えることを一つに ■■■■■

子どもの安全について夫婦で考えて欲しいのは、子どもに何かを教える前に、夫婦間で教えることを一つにして欲しいということです。例えば、お母さんが「登下校が心配だから送っていくわ」と言い、お父さんが「心配性だなぁ。そこまでしたら過保護になるよ。お父さんが子どものころはもっとやんちゃだったぞ」などと言うことがよくあります。これでは子どもは迷ってしまいます。やはり、子どもの安全について夫婦で共通の理解をしていること、そして「これを教えていく」ということを一つにしてから子どもに教えて欲しいと思います。（これはしつけや生活習慣全般について言えることですが）

わが家では、父親が不審者役になって、後ろから突然手をかけられたどうするとか、突然手を引っ張られたらどうするかとかいったことを、遊びの中でやったりしています。防犯教室に行くと「こういう時はこういうふうにやりなさい」と教えてくれますが、実際に親子で本当に有効なのかやってみるのです。例えば「捕まえられた足を踏め」と教えてくれたりしますが、子どもに実際に足を踏ませてみると、その時は少々の痛いものの、大人（犯人）が手を離すほどのダメージは与えられませんでした。

「急所を蹴《け》りなさい」という指導もありますが、女の子は急所を蹴りたくないから、実際にはなかなかできないいんじゃないか。大声を出すのはどうだろう。うちではこうやってみようとやってみるのです。

親、地域、行政、企業それぞれへのお願い

子どもの命を守るのは親の責任です。しかし、安全な環境を作るためには親だけではできないことがあります。そこを助けてもらっているのが地域の方々です。

ところが、そう考えずに、他の地域ではボランティアの方々が登下校の送り迎《むか》えをしてくれるのに、うちの地域の人たちは何もやってくれない、うちの行政は何もしてくれないという不満をこぼす人がいます。親の手の届かないところに手をさしのべてボランティアをしてくださる方々に感謝の気持ちがないのです。

親は自分の子どもを守るような気持ちで、地域に住んでいる子どもを見てくれている地域の方々に、率直に感謝すべきではないでしょうか。そして、その感謝の気持ちを、挨拶をしたり、「ありがとうございます」とお礼を言うことで伝えるべきでしょうし、子どもたちにも「あの人たちは、あなたたちの命を安全に守ってくれているのだから、きちんと挨拶をしなさいよ」と言うべきです。そうすることで地域の方々も快くやってくださるの

だと思います。折に触れて、子どもから手紙を渡したり、感謝状や花束を贈呈するといったことを考えるべきでしょう。

日本各地に子どもを守るためのいろいろなボランティアが立ち上がりましたが、なかなか続いていないのは、いくらボランティアでがんばっても、一番の当事者である保護者からの感謝の気持ちが届かないからです。一生懸命にやっている方たちはばかばかしくなってきます。親は自分の手でできないところを、ボランティアの人たちにやってもらっているという感謝をして欲しいと思います。

わが子を犯罪から守るには、自分の子どもだけを守ろうとするのでなく、親同士が協力しあい、地域の子ども全員を守ろうという姿勢が欠かせません。犯罪は人目のないところで起こるのですから、子どもを見守るたくさんの目があることが犯罪防止の最良の方法なのです。

一方、地域の方に対しては——淋しく思うかも知れませんが——むやみに子どもを不安がらせるような態度をしないでいただきたいと思います。酔っぱらって小さな子どもに話しかけたり、からんだりすると、子どもは自分の町を怖いと思ってしまいます。

また、公園などにおいて無闇《むやみ》に子どもにお願いをすることも控えて欲しいことの一つです。最近は、頼まれごとは引き受けないと親から教わっている子も多いので、道を聞いたり何かを探してと頼むと、不審者と見られてしまうことがあるということは知っておいて欲しいと思います。わが家でも、「正しい大人は本当に困ったことがあったら、交番、ガソリンスタンド、近くの大人に助けを求めるものよ。大人が困ることで子どもに解決できることはほとんどないのだから、子どもに頼るよりは電話を使う、近くのお店に行くなどして助けを求めるの。だから、困っている人やお願いをしてくる人がいたら自分でなんとかしようと考えずに、学校や家に戻って親や先生に相談してね」と言っています。

ところで、親が自分の責任で、子どもの送り迎えをしたいと思っても、共働きであれば、仕事があってなかなかできません。雇用主は、子どもがいる従業員に対しては朝と晩をフレキシブルにして、親が自宅から学校や幼稚園・保育園に送ってあげられる制度を作ることはできないのでしょうか。自分の子どもの安全をしっかりと保護者が守れるような社会のシステムを構築することも望まれます。子どもが熱を出しても会社の理解がないために、背負っている仕事が大きいために帰れない。休めない。子どもが大変な状態ですけれど仕事は責任もってやり通しますといった親の姿勢を美徳とするような社会では、子どもの安全は脅《おびや》かされ続けるでしょう。

子どもが誕生する前、どの親も無事に赤ちゃんが生まれることを願っていたはずです。つまり、親はまず安全を願っていたのです。ところが、いざ無事に生まれてみると、この子は音感がいいから音楽の道がいいのではないかとか、英語を習わせたらいいのではないかと思い始め、いつの間にか安全に生まれることをなによりも願っていた時の気持ちを忘れていないでしょうか。

ピアノ教室に通わせたいけれど、「行き帰りは自分一人で」というのは、親のエゴです。送り迎えができないのであれば、安全が確保できるところに通わせるべきでしょう。

親が自分の都合で子どもを危険にさらしていないか、送り迎えができないなど安全が確証されていない中で子どもの命を脅《おびや》かしてまで通わす必要があるのか、常に子どもの命を見守っていく、安全な環境を作っていくということを、親は特に考えて欲しいと思います。

安全対策チェックシート［保護者用］

（国崎信江作成）

下記の質問についてあてはまるものに◯をしてください。

①夫婦で安全対策について話し合っている。	
②こども110番の家がある場所を知っていて、挨拶に行ったことがある。	
③事件が起こるたびに自分の子どもと安全について話し合う。	
④行楽地などでは迷子になった時の対応を決めてから遊ぶ。	
⑤安全教育をしてから一人でお遣い、一人旅をさせている。	
⑥子どもの洋服について不審者の目を気にしている。	
⑦トイレには一人で行かせていない。一人の時には助けを呼びやすい入口近くの便器を使うなど、安全対策を伝えてから行かせている。	
⑧子どもだけで、兄弟だけで留守番させていない。	
⑨家庭において子どもに性教育をしている。	
⑩イレギュラーなことが起きた時の対応を決めている。迷った時には子どもに判断させずに親に相談させるなど。	
⑪学校の安全対策について全て認知している。	
⑫下校からの経過時間でどのあたりを歩いているか想像できる。	
⑬一緒に帰るお友達の名前、その友達と別れる地点を言える。	
⑭お稽古や塾の行き帰りの安全チェックを親子でしている。	
⑮管轄地区の警察署のＨＰで地域の犯罪情報を得ている	
⑯お出かけ前のお約束を親子で決めている。	
⑰留守番の時のお約束を決めている。	
⑱不審者以外の子どもを取り巻く犯罪についても日頃から考えている。	

さて、◯はいくつありましたか？　＿＿＿＿個

１つでも◯が多くなりますように…。

第2章

人から場所へ

犯罪への親の態度と心構えを変える

小宮信夫（立正大学教授）

この章のポイント

- 犯罪を避けるには、「人」に注意するのではなく「場所」に注目する
- 危険な場所は「入りやすい」「見えにくい」
- 小さな犯罪的な行為の積み重ねが大きな犯罪を呼び込む
- 人間社会と人間力を養成していく安全マップづくり
- 本当の安全対策は「人を助けることが自分を助けること」と知ること

小宮信夫●立正大学教授（犯罪社会学）

ケンブリッジ大学大学院犯罪学研究科修了。法務省などを経て、現在は立正大学教授（社会学博士）。専攻は犯罪社会学。地域安全マップの開発者として全国各地で技術指導に従事。東京都／地域安全マップ専科総合アドバイザー、広島県／子どもの安全な環境づくりアドバイザー、青森県／防犯環境設計アドバイザー、文部科学省／防犯教育及び学校の安全管理に関する調査研究協力者など。著作として、『犯罪は「この場所」で起こる』（光文社新書）、『地域安全マップ作製マニュアル』（東京法令出版）『犯人目線に立て！』（PHP研究所）など。

個人のホームページは、http://www.ris.ac.jp/komiya/

●ポイント1

犯罪を避けるには、「人」に注意するのではなく「場所」に注目する

犯罪は犯罪者の〝病《や》んだ心〟が起こすのか?

犯罪が起こると、犯人の動機は何かということが必ず取りざたされます。マスコミは恨《うら》みや嫉妬《しっと》、性的な嗜好《しこう》などを原因と断定することもあれば、犯罪者の生まれや生育環境、知人や同僚の声、近所の評判などから、犯人の凶暴さや陰湿さ、あるいは乱れた生活態度など、さまざまな特殊性を探しだします。そして、普通の人とは違う原因を見つけ、だから犯罪を犯したのだと結論づけます。

その背景には、「犯罪者」と「そうでない普通の人たち」ははっきりと分かれていて、

犯罪を犯す人は〝病んだ心〟を持っている。だから、犯罪を防ぐには〝病んだ心〟を治さなければならない。あるいは、〝病んだ心〟を持っている不審な人をマークして、できるだけ近寄らないようにすれば犯罪に巻き込まれないで済むという考えがあります。

つまり、犯罪者が犯罪を犯した原因を究明し、それを取り除けば犯罪はなくなるという考えです。確かに犯罪を犯すような〝病んだ心〟がなくなれば、犯罪はなくなるに違いありません。しかし、犯罪者の〝病んだ心〟を治すことは可能なのでしょうか。

例えば、犯罪者の特徴としてしばしば取り上げられる性格に「おとなしい性格」ということがあります。おとなしいがゆえに内面に蓄積されたものが一気に噴出したのだといった言い方です。反対に、暴力的で、小さい時から周囲の人に怖がられていたという犯人像が報道されることもあります。それぞれもっともらしいようですが、起こった事実に後から理屈をつけているだけで、実際にはほとんど何も説明していないのに等しいのではないでしょうか。

凶悪な事件や特殊な事件を起こした犯人が捕まると、しばしば「動機の不可解さ」が問題にされ、「動機の究明が待たれます」と報道されていますが、何が犯罪の原因になったのかという犯罪者の内面を明らかにしようとしても、犯罪に到るまでの複雑な人生を短期間に理解することは困難ですし、犯罪者の家庭環境や生育環境を調べても、その犯人にだけ当てはまる特殊な状況はほとんどありません。その人が犯罪を起こした原因の本当のところはよくわからないのです。それを突き止め、理解し、治そうとするのは意味があることですが、それを取り扱うことができるのは犯罪を犯した人と向き合う専門家だけです。

いずれにしても動機を明らかにしようという試みは、犯罪が起こってしまった後で行われる「事後対策」になってしまいます。安全を守るためには、事件が起こる前にどうするかが大切なのはいうまでもありません。

欧米諸国の防犯への取り組み

欧米では戦後、犯罪が激増しましたが、20世紀の終わりごろから、減少に転じました。日本でも、犯罪対策に取り組もうとするなら、それを参考にしない手はありません。日本よりも数十年早く犯罪対策に取り組んできた欧米諸国の取り組みには、経験が乏しい日本が学ぶことがたくさんあるのです。

欧米諸国の犯罪対策は、１９７０年代まで犯罪者が犯罪を犯した原因を究明し、それを除去しようとしていました。犯罪者の異常な性格や劣悪な生活環境が犯罪の原因なのだから、それを解決することによって犯罪を防止しようとしたのです。つまり犯罪者という人に原因があるから、それを取り除こうという「犯罪原因論」に立って、刑罰とその後の処遇によって犯罪の原因を除去しようとしました。

この状況は、現在の日本とよく似ています。近年、急速に子どもの安全や地域の防犯に社会的な関心が集まる中で、あわてて「犯罪原因論」に飛びついてしまったのです。逆説的にいえば、これまでの日本は安全すぎたために、安全対策にはそれほど真剣に取り組んできませんでした。ところが、急に「子どもが狙われる事件が増えているから、なんとかしなければいけない」となったために、きちんとした議論もしなければ、研究もしないままに、これまでの常識的と思われていた考え方を、そのまま適応しているのです。

しかし、欧米では「犯罪原因論」は現実にはうまくいきませんでした。犯罪者の犯行の原因をなくすような刑罰もなければ、処遇もできなかったからです。こうして、犯罪の原因を明らかにすることは非常に難しいし、もしできたとしても、それをなくすようなプログラムを開発することはさらに難しいと考えられるようになりました。

ただし、犯罪原因論がなくなったわけではありません。いまでも犯罪が起こってからの事後対策として、その犯罪者をどう変えていけるのかという研究は盛んに行われています。しかし、犯罪を予防するための方法は、別の発想から研究されています。

犯罪者が持っているいろいろな要素を調べ、ある要素を持っている人がかなりの確率で犯罪を犯すということがわかったとしても、それを克服するために「保護因子」と「危険因子」という言葉を使って解決するだけで、「原因」という言葉は使いません。というのは、原因といってしまうと、それがあると、ある犯罪を犯すと受け取られかねないからです。

現在、イギリスなどでは「こういう人は犯罪を犯しがちです」ということがあったとしても、「煙草を吸うと肺ガンになりますよ」という程度のレベルに過ぎません。煙草を吸う人がすべて肺ガンになるわけではありませんが、できれば吸わない方がいいという提案です。同じように、危険因子をなくしましょうという考えはあっても、なくすのが無理ならば保護因子をたくさんつけることを考えています。これは、「煙草がやめられないのなら野菜をいっぱい食べましょう」というようなことです。

つまり、犯罪者の内面を明らかにするために、その人間に徹底的に迫っていき、それによっていろいろなことがわかったとしても、それはその人だけの事情なので、そのまま予防として考えることはできないということです。

「不審者」とは誰のこと？

日本では子どもの安全を考える時に、必ず「不審者」という言葉が出てきます。現実の犯罪が起こる前には「犯罪者」はいませんが、犯罪を起こす予備軍のような人たちがいると想定して、多くの人がやらないようなことをやっていたり、格好をしていると、「あの人は何か事件を起こしそうだなあ」と不審者と呼んで予防しようとしているのです。

では、どういった人が不審者なのでしょうか？　私が各地の小学校を回っている時に、子どもたちに質問をすると、マスクをして、サングラスをかけている男の人といった答えが返ってきます。テレビでそういった犯人が登場するからです。

しかし、いくらなんでもそんな格好をした、いかにも怪しい不審者が子どもを連れ去ったりするでしょうか。

例えば、2006年9月に兵庫県西宮駅前で女児が連れ去られ、重傷を負うという事件が起こりました。犯人はマスクもサングラスもしていないし、男性ですらありませんでした。近所の病院に勤めていた24歳の看護婦でした。多くの人が不審者だとは思っていない人です。

この犯人は、６月と７月にもデパートに子どもを「迷子です」と届けていました。デパートの担当者は同じ人が２カ月続けてだったので、不審に思い警察に相談をしましたが、「本当に親切な、心優しい人なのかもしれない」と住所や名前を伝えることまではしませんでした。当然、警察も動きません。

不審者を取り締《し》まるという視点しかないと、こういったことが起こります。そして、こうした事件が起こってくると、「知らない人はすべて不審者」とみなさなければならない社会風潮になってきます。子どもはこうした風潮を敏感に感じとります。

事実、車にぶつかりそうだから「危ない」と遊んでいた子どもに注意した人が、防犯ブザーを鳴らされたという事件が起こりました。子どもは親からしつけられているのか、大人を近寄らせないようにしています。

その一方では、止め方がわからなくなって防犯ブザーを20分も鳴りっぱなしにして泣きながら家まで帰った小学１年生の子どもを、誰も大人が助けなかったということが起こっています。大人からすれば、安易に子どもに近づけないような状況が起こってきているからです。不審者扱いされる可能性があるのなら、係わりたくないというわけです。

子どもが大人から離れていき、大人も子どもから距離をとっていく、その距離がどんどん広がっているのが現代です。地域もばらばらになっています。犯罪者はこのすき間に入りこんで子どもを狙います。

機会がなければ犯罪は起こらない

犯罪原因論の限界を知った欧米諸国に、1980年代に台頭してきたのは「犯罪機会論」という考え方でした。これは、犯罪者という人やその人の境遇《きょうぐう》を改善しようとするのではなく、犯罪を犯す機会を与えないことで犯罪を未然に防ごうとするものです。犯罪の機会が多い場所では犯罪が起こりやすいし、犯罪の機会が少ない場所では犯罪は起こりにくい。犯罪原因論では、どうすれば犯罪者が生まれないようにすることができるのかと考えたのに対して、どうすれば被害者を生まないで済むかと考えたのが犯罪機会論です。

別の見方をすれば、犯罪者と被犯罪者の間にははっきりした区別はないということです。犯罪者と被犯罪者との差にはあいまいなところがあり、犯罪性が低い人であっても機会が与えられれば事件を起こす可能性がありますし、犯罪性の高い人であってもその条件がなければ事件を起こすことはないのです。

私がイギリスで犯罪の研究に取り組んでいた時、不審者という言葉は聞いたことがありませんでした。これは単に言葉遣いの問題ではありません。不審者という人に注目していても、犯罪を防ぐことはできないと考えられているからなのです。

私は大学卒業後、法務省に入り、２年間刑務所に勤務していたことがあります。それまで、犯罪者に対して怪物のようなイメージを持っていました。とても怖い人たちだから、ちょっと顔を見ただけでも飛びかかってくるのではないかというようなイメージです。ところが、刑務所の中で実際に会ってみると、みんな普通の人ばかりでした。非常に人柄のいい人もいますし、話のわかる人もいましたし、つきあいのいい人もいました。そうした人とつきあっているうちに、ある日ふと「どうしてこんな人たちがここにいなければいけないのだろうか」と、思ったことがあります。その時にはその疑問は解けなかったのですが、後にイギリスで「犯罪機会論」を学んだ時に「これかもしれないな」と思いました。つまり、「気がついたら犯罪者になっていた」という人たちが案外多いのではないかなと思ったのです。

それは、「犯罪者」というカテゴリーで犯罪を犯した人を括《くく》っても成り立たないのではないかということです。「犯罪者」と「そうでない人たち」ははっきり分かれるのではない、「犯罪者」も「そうでない人たち」も同じ種類の人々だったのだとわかったのです。

犯罪者であっても、どこでも犯罪を犯すわけではありません。物を盗んだり、誰かに危害を加えるという目的が達せられるかどうか、そして、うまくいった後に捕まらないかどうかを考えています。成功しそうであれば実行しますし、成功しそうでなければ実行しません。つまり、失敗しそうな環境をたくさん作れば作れるほど犯罪を防ぐことができるのです。

こうした考え方に切り替えた欧米諸国では、道路や建物、公園のつくり方を見直すとともに、警戒心や地域の人々の団結心などを改善することで、犯行に及びにくい環境を作り出そうとしてきました。「原因論から機会論へ」「処遇（事後対策）から予防（事前対策）へ」「犯罪者の視点から被害者の視点へ」というこの転換によって、犯罪発生率を抑えることに成功してきたのです。

日本ではいまだに「犯罪原因論」だけが取り上げられています。犯罪を減らすためには、この発想の一刻も早い転換が求められていると思います。

●ポイント2

危険な場所は「入りやすい」「見えにくい」

■■■■ 犯罪が起こりやすい場所の条件 ■■■■

犯罪者はいきなり子どもを襲《おそ》うのではありません。襲いやすい場所と襲いやすい子どもを探してから襲ってきます。襲われやすい場所、つまり犯罪が起こりやすい場所は（まわりから、誰もが）「入りやすい場所」であり、（まわりから、誰からも）「見えにくい場所」です。

「入りやすい場所」は犯罪者は誰にも怪しまれずに子どもたちに近づき、犯罪を犯してもすぐに逃げられます。「見えにくい場所」では犯罪者が隠れていても、犯罪を実行してもそう発見されることがありません。誰もが入りやすく、誰もが見えにくい場所は、犯罪者にとっても入りやすく、見えにくいということです。

「入りやすい場所」と「見えにくい場所」についていくつか例をあげて説明してみます。

例えばどこからでも入れる公園は「入りやすい場所」です。樹木が邪魔《じゃま》をしていて、子どもが遊んでいる姿の見えない公園は「見えにくい場所」です。境がはっきりしていなくて誰もが入りやすく出やすい、周囲を囲む柵《さく》が樹木で覆《おお》われていて外から見えにくい、園内には築山《つきやま》のような小山やプレハブ倉庫や多くの遊具があるために見通しが利《き》かないといった公園は、犯罪者が隠れていても気づかず、子どもを襲っても発見されにくく逃げやすいので、犯罪の起こりやすい公園といえるでしょう。公園の周囲の道路に路上駐車が多ければ園内はさらに見えにくくなりますから、犯人を利することになります。こうした公園の奥まったところにあるトイレは、犯罪の温床になりやすいと思います。

逆に、鉄柵《てっさく》や低い生け垣で周囲を囲むことで出入りが限られたり、地域住民の集会所が公園に附設されている、隣接するアパートやマンションの窓側（居間やベランダ側）に位置していて自然な視線が注がれるようになっている、園内の樹木は高い木で下枝がしっかり落としてあるために視界が遮《さえぎ》られていないといった場合は、その公園の安全度はかなり

高いと言えるでしょう。
　ガードレールがない歩道は、車を使った犯罪者にとっては「入りやすい場所」です。高い塀《へい》に囲まれて家の中から通行人が見えない歩道も「見えにくい場所」です。
　住宅地の場合も「入りやすい場所」「見えにくい場所」という観点で見ていくと、住宅街から幹線道路へ出るルートがたくさんあり、住宅地内の生活道路も通り抜けやすいという地域は入りやすい住宅地ですから安全度は相対的に低くなります。逆に、住宅街から幹線道路へ出るルートが限られていて、住宅地内の生活道路に行き止まりが多い地域では安全度は高くなります。これだけが全ての条件ではありませんし、徒歩での通行までは防げませんから限界はありますが、大ざっぱにいえば、地域の住民に用事のない人が道路を利用する機会が少なく、逃走経路が少ない地域は安全性が高くなるわけです。

安全性を高めるという意味では、あまり人通りがなかったところにベンチを置くと、そこに座る人によって「見えにくい場所」が減るので安全度は高まります。

また、落書きや散乱ゴミ、放置自転車などが多いといった場所は、管理が行き届いてなく、無関心がはびこっていると考えられるために、犯罪者にとっては心理的に「入りやすく、見えにくい場所」、犯罪のしやすい場所になります。例えば、整理整頓された机から何かを盗むと、何を盗んだのかがすぐにわかるので盗みにくいものです。結果的に犯罪を防ぐことができるのと同じようなことです。

こういう場所をいかにして作らないか、逆に「入りにくく、見えやすい場所」を増やしていくことが、犯罪を防ぐ大きな鍵《かぎ》になるのです。

「入りやすい場所」とは以下のようにまとめられます。

・そこに入るのに邪魔な物がないからすぐに入れる。
・境がはっきりしていない。

・出入り口が多い。
・近所の人たちが犯罪者について注意していない。
・近所の人たちみんなで集まることが少ない。

また**「見えにくい場所」**は次のようなところです。

・見るのに邪魔な物がある。暗い。
・人がいないので見る目がない。
・人が多すぎるために、かえって、しっかりと見ている人がいない。
・近所の人が地域のことに関心がない。
・近所で困っている人がいても、見て見ぬふりをする。

子どもを危険にさらすのは、「入りやすい場所」と「見えにくい場所」だということをいつも頭に置いて、近所のようすに目を配ってください。

●ポイント3

小さな犯罪的な行為の積み重ねが大きな犯罪を呼び込む

■■■■ 犯罪者が警戒心を持たずに立ち入る場所 ■■■■

欧米の犯罪対策に大きな影響を与えた考え方に「割《わ》れ窓《まど》理論」があります。これは、ポイント②の最後でも少しだけ触れましたが、落書き、自転車の放置、ゴミの投げ捨てや散乱ゴミ、公共物を壊《こわ》す、車内で騒ぎ立てる、夜中に大きな音を出す、雑草を伸び放題にする、公園で酒を飲むといった、人びとに不快や不安を与えて、生活の質を低下させるような小さな行為が犯罪の呼び水になるというものです。

つまり、ビルの窓が一つ割れたまま放置していると、それを見た人にとっては、「ここはみんながどうでもいいと思っている場所だ」「誰も何の管理もしていない」というメッセージになり、犯罪者が警戒心を持たずに気軽に立ち入るようになり、「犯罪を行っても見つからないだろう」「見つかっても通報されないだろう」と思って、安心して犯行に及ぶことができるというのです。その結果、さらに公共物が壊されたり、犯罪を招くのです。

この考えに基づいて取り組み、成功した事例として有名なのが、ニューヨークの地下鉄の落書き消しです。

1980年代の初頭まで、ニューヨークの地下鉄といえば車両が落書きだらけで、強盗などの犯罪も頻繁《ひんぱん》に起こっていました。当局は落書きした人を次々と逮捕しましたが、落書きをなくすことも、犯罪を減らすこともできませんでした。これに対して、84年から新しい対策が始まりました。それは、いったん車両をきれいにして、その後で落書きされた場合には、それが消されるまでその車両は走らせないというものでした。この結果、落書きだらけの車両にさらに落書きをした場合には、その落書きを他の乗客に見てもらえますが、きれいな車両に落書きをした時には誰にも見てもらえなくなりました。これを繰《く》り返したところ、5年後にはすべての車両から落書きが消えたのです。

さらに、90年から交通警察が徹底的に無賃乗車を取り締まり、逮捕するようになると、

5年間で強盗が半減しました。

犯罪が多発するようになるのは小さな犯罪から始まります。同じように犯罪を減少させるという大きな変化を起こすには小さな犯罪の取り締まりから始めなければならないのです。

場所への無関心が犯罪を生む

私は栃木県今市市で起こった幼女殺人事件の現場を訪ねたことがあります。少女が連れ去れた場所は、人通りがない「見えにくい場所」でしたが、犯行現場のすぐ近くには廃車がうち捨てられていました。その後も、不法投棄は増加しているようです。テレビのレポーターはこうした周辺環境にまったく注目しませんし、映像にも映っていませんが、このことは非常に重要なことだと思います。

また、神奈川県川崎市でのガード下の刺殺事件の現場に行った時のことでした。片側は壁にたくさんの落書きがありましたが、もう片方がフェンスになっていたため落書きはありませんでした。犯行は落書きのあった壁側で行われていました。

犯罪者は、地域のほころびをよく見ています。自転車がぐちゃぐちゃに留めてあるマンションはありませんか。ゴミを散乱して出してある集積所はありませんか。不法駐輪やゴミの投げ捨て、雑草が伸び放題や枯れたままの花壇はありませんか。こうした小さなほころびが静かに犯罪を準備させているのです。

いじめ対策は生活態度から

私は、いじめも基本的には同じだと思います。いま行われているいじめ対策は、あの子が悪い、親が悪い、担任が、校長が、教育委員会が悪いというものです。それでは「悪者探し」をしているだけです。そして「犯人」を特定し、教室や学校から排除しようとする動きさえあります。確かに、ある特定のいじめに限っていえば、そういうこともあるかもしれません。しかし、「悪者探し」では次のいじめの予防にはつながりません。

予防をするのか、解決するのかという点では、これまで述べてきた犯罪とまったく同じように「起きてからどうしますか？」と「起こらないようにするにどうすればいいのですか？」ということが混乱していると思います。

おそらく多くの親が関心を持っているのは、「起こらないようにするにはどうすればいいのか」でしょう。それなのに「悪者探し」をいくらしても、いじめはなくならないでしょう。

私は講演で全国あちこちの学校に行きますが、一日いると、よい学校かよくない学校かがすぐにわかります。悪い学校は秩序が感じられない学校です。よい学校は校内に入った時からいい気持ちになります。例えば、小学校に入っていった時に花壇があって花が飾ってある、下駄箱の靴がきちんと整理整頓されている。ゴミが落ちてない。子どもたちに会うと、みんな大きな声で挨拶をしてくる。体育館で話をしても、おしゃべりをしないできちんと聞く。「おとなしい子どもたちなのかな」と思っても、町に連れ出すとみんな大騒ぎをする。つまり、けじめがきちんとできているわけです。そういう学校はよい学校です。学力も伸びますし、非行も少ないですし、いじめも少ないのです。

ところが、学校に入っても花も植えられていないし、下駄箱では靴がほっぽり投げられている。ゴミが落ちていて、子どもたちは挨拶をしない。話を始めると寝っ転がって聞いているような状態で、おしゃべりが多くて5分間として黙って聞いていることができない。それを見ても注意する先生がいない。そうした学校もたくさんあります。こういう学校では、いじめも多いはずです。

まず、きちんと掃除をする、かたづけるというように、きちんとした生活態度ができるようにすることで、子どもたちは徐徐に変わってくるはずです。花を植えることや、掃除をさせたり、子どもたちにきちんとしたけじめを付けることから始める、つまり、一種のしつけをきちんとしていくことが大切なのです。いじめがあったからといって、いじめにピリピリして、子どもを不審者扱いしていては、いじめを防ぐことはできません。

本当の「原因」と「対策」を考えずに、とりあえず犯人を決めて排除していくという方法は間違っています。排除で問題解決するのであれば簡単ですが、それはありません。結局は人間力を高めることしかないのです。友だち同士や地域の人たちと仲良しになっていくと、自然といじめは起こらなくなっていきます。いじめた子どもを排除するだけでは、いずれ第二、第三のいじめっ子が出てくるだけだと思います。

●ポイント4

人間社会と人間力を養成していく安全マップづくり

■■■■■ 地域安全マップを作ろう！ ■■■■■

「入りやすい場所」と「見えにくい場所」、さらに、割れ窓理論のように心理的な「入りやすい場所」「見えにくい場所」について頭でわかっても、実際にはどういうところが該《がい》当《とう》するのかがわからなければ、意味がありません。通園路や通学路、よく行く公園や商店街、駅や病院までの道のりなどは大丈夫でしょうか？

実際に町に出て、「入りやすい場所」「見えにくい場所」を探してください。探しているうちに犯罪にあわない力が自然についてくるはずです。それを地図でまとめてみれば、あなたの「地域安全マップ」ができあがります。

最近は多くの学校で地域安全マップを作るようになりました。そのやり方は大きく四つの段階に分かれています。

1、教室で「入りやすい場所」「見えにくい場所」が大切だということを学ぶ。

2、5名から7名くらいのグループになって、町に出て自分たちで「入りやすい場所」「見えにくい場所」を探す。

3、教室に戻って地図づくり。大きな模造紙に街並みを描き、そこに危険な場所、安全な場所の写真を貼《は》り付けたり、その理由を書く。

4、できあがった地図をみんなの前で発表する。

マップづくりは一つひとつの場所を覚えるためではなく、危険な場所に気づく力を養うことが大切なので、すべての場所を調査する必要はありません。

また、子どもは教室でいくら教えても、町に出ると早足になってしまいます。できるだけゆっくり歩かせ、いつも見慣れている風景であっても、危ない場所があったら立ち止まらせて、「ここはどうかな。安全かな危険かな？」と聞いて、考えさせます。反応がないなら、「安全の基準はなんだっけ？　ここは入りやすい、見えやすい？」というふうに何度か繰《く》り返しているうちに、子どもは自分で気づくようになります。それからは大人が質問しなくても、「ここはどうだろう?・」と自分から考えるようになります。時には大人が入りたくないような建物と建物の間にまで入っていくようになったりします。大人は「こんなところは通らないはず」と思っているところでも、子どもは通っていたりするものです。

■■■■■ マップづくりが子どもを育てる ■■■■■

学校や地域全体でマップづくりに取り組めないのであれば、親子で近所に遊びや買い物に行ったり、散歩に行く時に、「入りやすい場所」「見えにくい場所」を一緒に見つけてみるといいでしょう。小さな子どもは絵を描くのが好きですから、「地図を作ろう」と言えばモチベーションが高まると思います。

この視点で子どもと一緒に歩いていると、よく知っていたつもりの町でも安全という観点で見るとほとんど知らなかったことに気づくと思います。

マップづくりで大切なのは、大人の視点で考えるのではなく、子どもの視点になって

「入りやすい場所」「見えにくい場所」を考えること。それから、そもそも100％危ない場所はないわけですから、答えを最初から教えないで子ども自身に考えさせることです。繰《く》り返しますが、地域安全マップは子どもが危険を見抜ける能力を開発することが大切なのです。子どもたちはどのような場所で犯罪が起こるのかを理解し、より安全な道を選ぶようになるでしょう。危険な道を通らなければならない時も、その自覚を持って注意して歩くようになります。

また、マップづくりに際して友だち同士や町の人たちと話すことでコミュニケーション能力の向上にも役立ちますし、様ざまな人とコミュニケーションすることは非行防止にもつながります。なによりも、子どもたちが自分の生活している地域を探検し、それまで知らなかったことを発見することで、地域への関心が高まることになるのです。自分の町をよく知ることは町に対する愛着心を育みます。そうした活動が広がることで結果的に犯罪が少なくなり、住みよい町になることが期待できます。

大人が一方的に教えてしまうと、こうした能力を子どもにつけることはできません。

私はマップづくりを通して地域全体の安全を考えることをきっかけにして、地域のコミュニケーションの醸成《じょうせい》のために利用することもできると考えています。地域のことや地元の人とのコミュニケーションに関心の薄い人も、子どもの安全には関心がありますし、子どものこととなると地域の人も協力してくれやすいものです。安全というテーマは、いろいろな人を巻き込みやすい共通のテーマですから、そこから発展して地域の介護や福祉のことまで広がっていける可能性があるのではないでしょうか。安全マップづくりについて、危ない場所探しだと誤解している人がいますが、その本質は、人間社会と人間力を養成していくプログラムなのです。

【犯罪に遭《あ》わないために、絶対に忘れてはいけないこと】

1、地域安全マップづくりで学んだ「危険な場所」には行かないこと。

2、どうしても「危険な場所」に行かなければならない時は、友だちと一緒に行くか親に迎えに来てもらうなどして、一人では行かないこと。

3、どうしても「危険な場所」に一人で行かなければならないことが起こったら、まわりに十分に注意して、絶対に気を緩《ゆる》めないこと。車には絶対に近づかない。何かを頼んできたり、誘われても絶対に断る、防犯ブザーをすぐに使えるように用意するなど準備をする。

間違った安全マップ

ところで、安全マップといいながら、過去に不審者が出没した場所をマークするだけの不審者マップや、実際に犯罪が起こった場所を表示する犯罪発生マップを作っている場合があります。しかし、こうした地図は場所ではなく、あくまでも人に注目した「犯罪原因論」にとらわれた地図です。特に不審者マップは被害防止能力に効果がないばかりか、時には有害でさえあります。不審者がどうかを主観的に判断すると、特定の人や集団を不審者扱いしてしまう差別的な地図ができあがりかねないからです。子どもたちに不審者を判断させることは不可能ですし、「人に会ったら進んで挨拶しましょう」とか「困っている人がいたら助けましょう」という指導とも矛盾します。

しかし、犯罪が起こりやすい危険な場所をマークすることは、ポイントがつかめれば子どもでもできます。子どもに「人を信用するな」などと言う必要もありません。「犯罪の起こりやすい場所にいる大人は、どんな人であっても注意しなさい」と言えばすむことでもあります。信用してはいけないといっても、99・9％は問題ない人です。気をつけろと言い続けていると、その99・9％の人も悪い人に見えてきてしまいます。そんなことになったら、「人は信じられる」という教育はうまくいかなくなりますし、一人で生きていくしかないのだと教えていては、地域も社会も崩壊してしまいます。

また、過去に犯罪が発生した場所だけのマップは、その場所への注意だけを促すために、他の危険な場所への関心を低くさせることになりますし、単に過去の記録を書き込むだけなので、危険な場所を見きわめる能力を育てることはできません。その地域だけであればある程度は役に立つかも知れませんが、隣の町に行った時には役には立ちません。さらに、犯罪が発生した場所へ執着《しゅうちゃく》すると、子どもの被害体験を聞き出すことになりかねません。被害体験は、子どもにとって大きなトラウマなので、聞き出そうとするだけで心の傷は広がってしまいます。被害児童の犠牲の上に、犯罪マップを作ってはなりません。

これ以外にも、日頃から不安に感じている場所をマークした地図や、行政などの機関が作った安全マップもありますが、前者は判断基準が明確ではないため、危険の発見や「気づき」は生まれません。後者は改善策を導くための診断や、子どもへの指導のための練習であれば意味がありますが、ただ子どもに配布するだけでは、子どもの力は育ちません。

幼児向けにはどうしたらいいの?

これまで述べてきたことは、ある程度の年齢になってからできることです。子どもがまだ小さい時には、あまり複雑なことを教えても理解できません。子どもが小さければ小さいほど、単純に教えていかなければわかりませんから、まずは親が「場所が重要だ」としっかり理解した上で、「ここは入りやすい」「あそこは見えにくい」と具体的な場所を教えていく方がいいかもしれません。

また、親子で一緒に歩いて、地域の人に出会ったら挨拶をし、「うちの子なんですよ」と言って子どもを知ってもらうといったことも必要です。そうしたことを通して、いつでも話せる「知り合い」を地域に少しでもたくさん作ることが、助けてくれる人を増やすことでもあるわけです。

　危ない場所で狙われやすい子どものタイプは、きちっと自分を表現できない子ども、コミュニケーションが下手な子どもです。犯罪者は「この子だったら何かしても、親に言ったりしないだろう」と考えるからです。ですから、嫌な時には「イヤだ！」ときちんと言える子どもに育てることが重要です。その意味でも「知らない人とは話してはいけない」とだけ言っていると、コミュニケーション能力が育ちません。親が一緒にいて、安全な環境の中でいろいろな大人と話させて、コミュニケーション能力を育てることが大切です。

　また、親が危ない場所を通る時に「ここを通っちゃ行けないよ」と言っても、親と一緒の時にいつも通っていたら、子どもは一人の時にもそこを通るようになります。「こうだから、ここを通っちゃ行けないよ」と説明するために一度だけ通るのはかまいませんが、それからは二度と通らないことを繰り返さないと、子どもの身に付きません。幼児の安全のためには、親がまず見本をみせることです。

●ポイント5

本当の安全対策は「人を助けることが自分を助けること」と知ること

犯罪を防ぐには地域づくりから

これまで何度も述べてきたように、日本では犯罪者に焦点を当てた「犯罪原因論」がいまだに強いために、犯罪者に狙われた時には標的として、あるいは獲物としてどのように対応したらよいのかということになっています。

すべての子どもに防犯ブザーを持たせようとする取り組みは、その典型的な例と言えるでしょう。しかし、腕力が圧倒的に弱い子どもが襲われた時に、防犯ブザーを鳴らせるとは限りません。動転してしまうかもしれませんし、犯罪者に騙《だま》されてしまえば鳴らすことさえ忘れてしまうかもしれません。さらに、防犯ブザーを鳴らしたことで相手を逆上させてしまう可能性もあります。防犯ブザーの防犯効果には限界があることは誰もが認めざるを得ないでしょう。

犯罪者は一般的に、場所や地域を選び、その後、標的となる人や家を選びます。だとすれば、防犯ブザーだけで子どもを守ろうとする前に、地域全体で守るという発想を持つことが不可欠ではないでしょうか。犯罪者が子どもという標的を選ぶ前に、地域に近づけないようにするということです。子どもという本丸を守るために、本丸を強固にするだけでなく、堀をほって本丸に近づけなくするようなことです。

犯罪を防ごうとすると、私たちはとかく人間関係を閉じることで守ろうと考えます。しかし、地域という堀を埋《う》めて、子どもという本丸だけを強固にして守ろうとすることはあまりに危うい守り方です。

自衛があまり極端になってくると、いずれは催涙《さいるい》スプレーを持つとかスタンガンを持つという事態になってきかねません。行き着く先は銃かもしれません。では銃を持つと守れるかというと、アメリカのようになるだけでしょう。そこにいくまでに、地域のコミュニティの有能さに気づいて欲しいと思います。

その際にも「犯罪機会論」は有効です。犯罪者という〝人〟に注目すると、対策は犯罪者を捕まえる警察の仕事になりますが、〝場所〟に注目するようになるということは地域全体で考えることになるからです。

場所に注目していけば、「人を信用するな」と言う必要はありません。むしろ人は助けてくれるのだ、ということを伝える必要があります。人を助けることが自分を助けることなのだということを気づかせることの方が、自分の安全性を本当に高めるわけですから。

■■■■■ 地域のコミュニティを見直そう ■■■■■

ポイント③で割れ窓理論について述べましたが、実は割れ窓理論のモデルは日本だと言われています。

コミュニティが崩壊したアメリカでは極端な自衛が行われ、自分の家を要塞《ようさい》にして、外に出ないという動きが生まれました。しかし、散歩もしたいしスポーツもしたいわけですから、それは不可能です。そこで、自分の家だけを守っていてはだめだ、地域全体を守らなければならないと考えられ、日本のようなコミュニティを形成しなければならないと考えたのです。こうして「割れ窓理論」はできたのです。

ところが、ちょうどその頃から日本では、地域コミュニティが軽視される事態が起こってきました。町内会や交番のお巡りさんは、ある意味で地域のコーディネーターとして、地域内のネットワークを支え、問題を抱えた人をもケアしながら地域で共存していく役割をになっていました。子どもの安全が脅《おびや》かされているいまこそ、そういう地域コミュニティのあり方を見直すべきだと私は思います。

最近は防犯のためにビルやマンションだけでなく、町のあちこちに監視カメラが設置されるようになりました。監視カメラは人間の目に代わって「見えやすい」状況を作るわけですから、犯罪の機会を減らす効果があると考えられます。また、実際の犯罪の抑止効果だけでなく、犯罪が起こるかも知れないという不安感を鎮《しず》めるという効果も期待できるでしょう。しかしながら、監視カメラに過度の依存をしてしまい、安全への関心を地域の人々が失ってしまうと、逆に監視カメラを設置する前よりも犯罪の機会を増やしてしまうことになりかねません。監視カメラという機械の目を生かすのも殺すのも、やはり地域コミュニティの人間にかかっています。

犯罪の意味

私が樹木の茂った公園は「見えにくい」ので危険度が高いというと、「公園の木を切れ」というのかという批判が出ますが、そういったことを言っているのではありません。木の配置や植生によって安全性に違いが出ることは事実ですから、同じ木を植えるにしても、まずはそこを考慮し、より「見えやすい」植え方を考えることが大切なのではないかと問いかけているだけです。しかし、現状の木の配置を変えたくないのであればそれも否定しません。その公園は犯罪が起こりやすいという意識を地域の人たちが共有していれば犯罪は防げるからです。地域の中に死角があったとしても、地域のみんながそのことを意識していれば、一人でそこに行く人はいなくなりますし、行ったとしても注意するようになるでしょう。物理的な要件が変わらなくても、意識を変えるだけで安全性を高めることはできるのです。

私は各地で子どもたちに向けて「地域安全マップ」を作る授業をしていますが、町に出て一日かけてマップが完成した後、最後にこんなパフォーマンスをやっています。

「みんな、危ない場所がわかったね？」

「わかった！」

「じゃあ、もう地図はいらないよね。これから一枚一枚破いていくよ」。

子どもたちはみんな「やめてぇー！」と叫びます。それを見計らって「やっぱり破られちゃいやだよね。いやだって思ったでしょう。人にいやだと思わせるのが犯罪なんだよ。犯罪は、みんなのお父さんやお母さんが積み上げてきた安全を一瞬にしてめちゃくちゃにしてしまう。みんなが今日一日かかって作ってきた地図を、一瞬にして破いてしまうのと同じことなんだよ」と言います。

そこで、子どもたちは気づくわけです。そうやって犯罪の意味をわからせるのです。わかった子どもが多ければ多いほどいじめは起こらなくなるし、子どもたちが大人になった時に、少なくともいまよりも犯罪がなくなることを含めて、よりよい社会ができると信じています。

第3章
あなたの子どもの安全を確認する10のポイント

毛利元貞（脅威査定コンサルタント）

この章のポイント

- あなたの子どもは直観（誰かの存在による不快さ）を学んでいますか？
- 子どもが挑発的な反応を見せても、怒らずに話を聴けますか？
- あなたの子どもは、他人からのちょっかいや申し出を拒絶できますか？
- あなたの子どもは適切な自己表現ができますか？
- あなたの子どもは適切な人を見つけ、助けや援助を求められますか？
- あなたの子どもは、自分の身に起きた危険をちゃんと報告できますか？
- あなたの子どもは万が一の場合、自分の体を自分で守れますか？
- 子どもが自己防衛のために誰かを傷つけたとしても、親として支援できますか？
- あなたの子どもは平気で大声を出したり、逃げることができますか？
- 連れ去られることに感づいた時、あなたの子どもは抵抗できますか？

毛利元貞●脅威《きょうい》査定コンサルタント

脅威査定コンサルタント。実戦経験を経て、警察にて「犯罪者の心理」教育に携わる。その後、FBIやCIAを顧客に持つ専門機関での修学を通じて、法執行機関向けの安全理論と実践「TAM脅威査定管理」を確立。現在は職場から教育の分野まで幅広く、「安全と安心を確保する知恵」や「コミュニケーションの取り方」に関する啓蒙活動に携わる。日本コミュニティ心理学会、日本カウンセリング学会、警察政策学会所属。著書は『わが子を守る』（ぶんか社）、『護身の科学』（日経BP社）、『脅威査定　暴力犯罪相談の現場から』（立花書房）など、多数。

ホームページ　http://www.stop-violence.net/

10のポイントの前に――子どもを狙う人は顔見知りが多い

子どもを犯罪から守るというと、多くの大人は「見知らぬ人」からの脅威《きょうい》を想像します。通り魔的に無差別に子どもを殺傷したり、連れ去ったりする犯人であり、学校や幼稚園、保育園を襲撃《しゅうげき》する犯人像です。防犯パトロールや子どもが集まる施設の入り口にガードマンを立たせるといったことは、こうしたイメージが影響しているからだと思います。

そうした犯人がいないとは言いませんが、しかし発生件数から見ると、子どもを巡《めぐ》る犯罪の多くは見知らぬ人が誘拐《ゆうかい》をするといったケースは極めて稀《まれ》で、近所の人や親の知人、先生など、顔見知りによる性犯罪の方がはるかに多いのが現実です。

では、なぜ私たちは、間違った犯人像を持っているのでしょうか。

その大きな理由は、マスコミの報道姿勢にあります。テレビや雑誌、新聞は、視聴率や購買数をあげなければなりません。そのためには、顔の見えない犯罪者による、突然の暴力や、より凄惨《せいさん》な事件を大きく取りあげがちなのです。発生件数が多く、すぐに対応が求められるような身近なところで起こっている小さな事件や、先生によるわいせつ行為、体罰といったことよりも、数字を稼《かせ》げる話題を求めていると言ってもいいでしょう。

子どもを守らなければならない親にとって必要な情報ではなく、解決策がすぐにはみつからないような大事件を取り上げ、不安をあおることで視聴者や読者の好奇心をつかんでいます。

もちろん、マスコミが報道している凶悪事件も見逃してはいけません。しかし、「わが子を守る」という視点に立てば、マスコミが作り上げた犯罪者のイメージに惑《まど》わされていると、子どもに脅威《きょうい》を与えている本当の犯人を見逃してしまうことになります。

その意味で言うと、防犯パトロールやガードマンが「何を対象に、何から子どもを守ろうとしているのか」と疑問を抱かずにはいられません。大人が安心するための、あるいは、子どもの安全を守るために努力をしていますという言い訳になってしまっているのでは、と思うこともないではありません。

もう一つマスコミに注目して欲しいことがあります。それはマスコミ報道が犯罪者にエネルギーを与えることがあるということです。凄惨《せいさん》な事件が連日のように報道されると、妄想《もうそう》の中で犯罪を犯しているだけで実行してはいなかった予備軍は共感を覚えます。そして、「自分にもできる」と思って、その手口を真似て、時には修正して、実行するのです。

実際、ある事件が起こると、類似の事件があちこちで起こるということはよく経験することではないでしょうか。恐ろしい話ですが、あなたの住んでいる地域とまったく関係がないところで起こった事件が、身近な相手によって、次はあなたの近くで同じような事件として起こることも考えられるのです。

この傾向を逆手にとれば、子どもを危険から守ることは可能です。つまり、事件を生きた教材として、子どもと一緒にそうした事件に巻き込まれないようにするにはどうしたらいいのかを検討し、学ぶことができるからです。

■■■■ 子どもの心が安心すると安全になる ■■■■

顔見知りによる犯罪は水面上にはなかなか浮上しないことが多いものです。そのために、子どもの身に何かがあって、子どもが危険信号を出しているのに、親は「犯罪は見知らぬ相手から受ける」と思いこんでいるために、その信号が見えなくなってしまうということもあります。

派手な凶悪事件に目を奪《うば》われて浮き足立って、子どもの安全について思い煩《わずら》い、抱えているのが漠然《ばくぜん》とした不安なのか、目の前にある実態のある恐怖なのかを見きわめることができなくなっている親御さんもいます。

その結果、子どもに「家の外は危険だ」と教えれば子どもの心は不安定になります。そして、「知らない人とは話をしてはいけません」という、よく言われるルールによって作られた先入観が、逆に子どもを危険に陥《おちい》らせることさえあるのです。

しかし、親が落ち着きをとりもどし、子どもとしっかりとコミュニケーションをとることができれば、子どもとの関係がよくなり、子どもは安心して日々を過ごすことができます。すると、たいていの犯罪や暴力を未然に防ぐことができるものなのです。安心と安全、そして親子の対話とは、密接な関係があります。

子どもを犯罪や事件から守ることとは、子どもに風邪をひかせないようにすることと似ています。「予防」こそが犯罪や暴力から子どもを守ることになるのです。そのためには、普段と何か違う子どもの様子を察知したら、その正体を確かめて、必要に応じてその芽をつみ取っていくことです。

そこで、次のページから、子どもを犯罪から守るために普段からしておくべき10のポイントを紹介します。全てがクリアできれば、犯罪や暴力に対して、安全な対処ができるでしょうし、不安に怯《おび》えることなく過ごせるようになると思います。

私は、全ての子どもがいずれは、全てのポイントをクリアーできるようになって欲しいと思います。

小さなお子さんをお持ちの親御さんは、このポイントがクリアーできるかどうかで、自分の子育てを見直すきっかけにしていただければと思います。

●ポイント1

あなたの子どもは直観（誰かの存在による不快さ）を学んでいますか？

「何か変な感じがする」が大切

「知らない人と話してはだめよ」というのは、しばしば子どもの安全を心配する親が子どもに言い聞かせていることです。幼児へのしつけの一つといってもいいでしょう。しかし、お母さんが知っている知人で、子どもは知らない人に会ったりした場合、子どもが挨拶をしないでいると、「挨拶しなさい」と言ったりします。子どもは知らない人には話しかけないようにと言われているので、とまどってしまいます。

欧米の子ども向けの犯罪防止プログラムでは、「自分の内なる声」を聴くようにという指導をしています。なんだか曖昧《あいまい》な言い方のように思うかも知れませんが、「なにか変だ」とか「胸騒ぎがする」といった感覚こそが、身を守るためには大切な武器になると考えているからです。

大人はなんとなく嫌悪感を感じたり、直感的に危険を感じ取っていたとしても、「悪く思われたくない」「人のことを一方的に悪く思ってはいけない」などと常識で判断してしまいがちです。理性的な判断が、危険信号を押さえ込んでしまうわけです。そして、気のせいにして、やがては危険信号があったことを忘れてしまいます。しかし、本当の危険さとは言葉で表現しようがありません。心と体で感じるしかないものなのです。その意味で、「何か変な感じがする」という直観はとても重要です。

犯罪者が子どもを強引に襲《おそ》うこともないわけではありませんが、実際にはかなり稀《まれ》です。ほとんどは「良き理解者」を演じて巧みな言葉をかけ、子どもの反応を見ながら、少しずつ距離を詰《つ》めてきます。普段の親子のコミュニケーションが不十分で、子どもが親以外のところに愛情を求めたりしていると、犯人は、そこを見逃しません。手に触れる、体に手を伸ばしてくるといった行為に移るのです。

この時、子どもが自ら直感的に危険を感じれば、たとえその人の顔を知っていたとしても、「イヤだ!」と自然に反応できるでしょう。何かわからなくても、変な感覚を感じるからです。

親子でコミュニケーションがとれていると、子どもから「実は今日、変なことがあったんだよ」と、具体的な行為の説明はなくても、直感的な感じを話すこともあると思います。こんな時に、きちんと親が話を聴いてあげて、それが子どもの身に迫る危険なのかどうかを判断しなければなりません。危険であると思えば安全な対処を考え、単なる不安や心配であれば安心させることが大切です。不安や心配でいっぱいな子どもは、犯罪者から狙われる可能性が高くなるからです。

こうした繰《く》り返しによって、子どもの直観はさらに磨《みが》かれていきます。

ところで、「知らない人と話してはだめよ」というしつけが徹底していればいるほど、子どもは迷子になった時に誰にも話しかけることができません。そして、どうすればいいのかわからず、混乱してしまいます。先ほども言ったように、混乱している子どもには危険な人物が親切を装《よそお》って、近づきやすくなります。

私たちは、意識しないうちに四つの距離感を使い分けて暮らしています。親子や兄弟などのごく親しい人との距離は50センチメートル程度、友人だと1メートル程度、知り合いは1～3メートル程度、知らない人だと3メートル以上の間をあけています。この距離感を無視して近づいてくる人がいたら、警戒するはずです。こうした直感的な感覚を無視せず、むしろ鍛《きた》えていくことが犯罪を回避することになります。

特に、「子どもは大人の言うことに従うべきだ」と考えている親の子どもは要注意です。こうしたしつけが強ければ強いほど、直感的には「変だな」と感じていても、その場から逃げる直感力が鈍《にぶ》ってしまうからです。事件は、直観を軽視してしまう時に起こることが多いと思ってください。

●ポイント2

子どもが挑発的な反応を見せても、怒らずに話を聴けますか？

親子の会話が一方的になっていませんか

「子どもの話を聴いていますか」と親御さんに尋《たず》ねてみると、「聴いてます」「よく話しています」と答える人は少なくありません。しかし、その子どもに同じ質問をすると、「聴いてくれない」「話をしていない」という答えが返ってくることがよくあります。

親は仕事や家事をしていたりして、子どもの話を聴いているつもりでも、実はどこかうわの空なのです。子どもはそれを見抜いています。

あるいは「お母さん、今日ね」「ねぇねぇお父さん！」と子どもが言っているのに、「いま忙しいから後でね」と言ったきり忘れてしまうこともあります。子どもは無期限に待つかもしれませんが、「後で」の時間がやっととれた時には、子どもはもう寝てしまったりすることもあるでしょう。子どもの心は失望し、傷つきます。

また、会話をしているつもりでいても、「あれをやっちゃいけない」「これはこうした方がいい」、あるいは習い事の話や勉強の話ばかりで、少しもコミュニケーションとしての会話になっていないこともよくあることです。

こうしたことが、何度も繰《く》り返されると子どもはいつしか、親に期待しなくなります。しかし、決して完全にあきらめているわけではないはずです。それでも裏切られ続ければコミュニケーションは破綻《はたん》するかもしれません。親子であっても、信頼関係が一度崩れると、修復には時間も努力も必要です。

なかには最初から子どもの話を聴こうとしない親もいます。話を聴いてもらえない子どもは、心の奥に不満や怒り、恐怖といった感情が蓄積されていきます。そして、ある時、何かをきっかけに爆発するのです。最近、ちょっとした口げんかや何かを言われたことが原因となって、親を殺傷する事件が起こっていますが、その背景にはこうしたことがあるのではないかと思います。

子どもの感情を率直に認めてください

親は大人としての立場から子どもの話を「聞く」だけだったり、質問で「訊《き》く」ことになりがちなのですが、それがわかっている親御さんは決して多くはありません。子どもの話を「聴く」ためには、子どもの心に自分の心を向けて、ちゃんと向かい合い、集中することが必要です。これは、必ずしも簡単ではありません。例えば、子どもが反抗期に「学校の先生はバカばかりだ」と言い、「お母さんもお父さんも自分勝手だ」などと言われたとしても、あなたは素直に子どもの言い分を理解してあげられるでしょうか?

「お父さんは……」「お母さんも……」と言われたら、おもわずカッとなってしまったり、混乱してしまうかもしれません。「そうか、先生のことだけでなく、私のこともバカだと思っているのね」と肯定的な返事ができる親はそういないと思います。しかし、子どもが挑発的な態度で接してきた時こそ、親は動じずに受け答えをしなければなりません。カッとして「親に向かって、その口の利《き》き方はなに!」「どうしてそんなことを言うんだ!」と詰《つ》め寄ると、子どもはさらに反発心をつのらせ、いずれは外に「良き理解者」を求めるようになり、犯罪や暴力に巻き込まれる危険が高まっていくでしょう。

あなたは子どものころ、おもしろいテレビを見ていた時、お父さんやお母さんに「宿題は終わったの？」と声をかけられたことはありませんか。そんな時、おそらく「うるさいなあ、いまおもしろいところなのに」などと思いながら、背中で返事をしませんでしたか。

あの時の気持ちを思い出してみてください。そして、まずは「子どもはそう思っているんだ、そう感じているのだ」と子どもの感情と親の感情を混同しないで、認めてあげてください。子どもは自分を受け入れてくれた親を信頼し、安心します。問題の解決はその後で初めて始まります。

子どもが何か話したそうにしている時に、忙しいのであれば、「いま、忙しいから、この用事が終わった後でいい？」と素直に伝えましょう。子どもが同意してくれたら、「ありがとう」と声をかけましょう。そして、必ずその約束を実行してください。もしかしたら「今日ね、隣のお兄ちゃんと遊んだら、すぐ横に座ってきて、変なことをするの」という危険信号を子どもは発してくるかもしれません。

大人のルールを子どもに押しつけるのではなく、子どもの立場になってみると、見えてくることがたくさんあります。それが結果的に、子どもを守ることになります。

●ポイント3

あなたの子どもは、他人からのちょっかいや申し出を拒絶できますか?

狙われやすい子どもと、狙われにくい子ども

犯罪者に狙われやすい子どもと狙われにくい子どもには、見ただけではっきりした違いがあります。狙われにくい子どもを一言で言えば、「毅然《きぜん》とした態度」をしている子どもです。逆に堂々とした態度ができない、自分の周辺に目配りのない子どもは、狙われやすいといえるでしょう。歩きながらゲームをする、ヘッドホンで音楽を聴いている、携帯電話で話しながら歩くといったことは、その典型的な例です。

そこで大切なのは、普段から親が子どもの前で、毅然とした態度とはどういうことなの

かを実際の仕草や態度で示していることです。言葉で子どもに「毅然とした態度をとりなさい」と言ってもわかりません。子どもは見て覚えるからです。

ただし、近寄ってきた人に対して毅然とした態度を取った場合、その後の犯罪者の行動が二つに分かれることは忘れないでください。一つはあきらめて逃走する場合です。もう一つは警察などに通報されると勘違いして強引に襲《おそ》ってくる場合があります。後者の場合は、衝動的に殺してしまうこともあります。拒絶したことで相手がひるんだとしても、次にどちらの行動に移るかはわかりません。いずれにしてもその場からすぐに逃げることが大切だということを言い聞かせておきましょう。しつこく迫ってくる場合には「やめて！」「来るな！」などとはっきり大声で叫《さけ》んで、できるだけ早く逃げることです。なかには大声を出されたことに驚いて、さらなる暴力に出る犯罪者もいます。その前に、適切に距離を保ちながら立ち去ることが肝要です。

「いじめ」解決への最初の一歩

子どもが巻き込まれる可能性が高い暴力で、切実なのものに「いじめ」があります。学校でのいじめでは、何か周囲とは違った子どもが狙われます。勉強やスポーツができる、できない、流行のテレビ番組を見ていない、携帯電話を持っていない。ブランドの靴を履《は》いている、履いてないなど、その理由はさまざまですが、他のみんなとは違うということが、いじめの対象となる危険度を高めるのです。つまり、誰もが被害者になる可能性があるということです。

その結果、子どもは周囲と同じでなければならないと感じ、周囲のみんなの視線に過敏に反応しています。こうした状態を「ピア・プレッシャー」と言います。ピア・プレッシャーは「仲間からの圧力」という意味で、大人でも「同僚が遅くまで残って仕事をしているのに、自分だけ帰ることはできない」といった心持ちは多くの人が持っています。

子どもがいじめを受けていることを知ると、親はなんとかしたいと、直接介入して解決しようとします。しかし、注意されたからといって、いじめている子どもが反省するとは限りません。ピア・プレッシャーに支配された子どもに、親や先生が安易に介入すると、さらに状況を悪化させる危険性があります。親や先生に知られたことを「裏切り行為」と受け取り、「よくもチクリやがったな」という怒りから、暴力をふるうなどの報復措置にでるからです。また、「先生や親に守られた子」という標的として、怒りを覚えて攻撃することもあります。感情的になると、人は暴力を正当化します。

結局、大切なのは、子ども自身がいじめにどう立ち向かうのかということになりますが、いじめられ、孤独を味わった子どもが、たった一人で周囲からのプレッシャーをはね返すのは非常に困難です。そうした場合に大切なのは、「いじめた相手とかかわらない」こと、つまり拒絶することができるかどうかだと思いますが、拒絶できない子どももいます。いじめが始まった時に、毅然《きぜん》として子どもが拒絶できるかどうかは親が判断することです。

帰宅した子どもの手足に不審な傷を見つけた時、あなたはどうするでしょうか。

きっと、いじめのことを考えるでしょう。「誰かにやられたの?」とか「いじめられたりしてない?」と声をかけるかもしれません。しかし、口止めをされていたり、親に心配をかけたくないと思えば、子どもはウソをつきます。

親は「何があったの?」と尋《たず》ねがちですが、子どもは本当に悩んでいる時に、親に問いつめられると、「責《せ》められている」と思ってしまうものです。まずは優しく「相談したいことがあったら、いつでも話してね」と声をかけてください。親として安心感を与えることを優先するのです。子どもがその場で何も答えなくても、安心感を与えることができれば、いずれは話し始めます。親が不安になり、その不安に耐えきれなくなって子どもに無理矢理話させようとすれば、子どもはますます口を閉ざしてしまいます。

子どもであっても、大人であっても、深刻な悩みを持つ時、心から自分のことを理解してくれる相手だけに相談したいと思うものです。苦しんでいる自分に、援助の手をさしのべてくれる人は回復への助けとなります。子どもにとって、安心と安全を提供してくれる存在は親です。いじめの解決は、そこから始まるのだと私は思います。

●ポイント4

あなたの子どもは適切な自己表現ができますか？

優柔不断な子どもは狙われやすい

子どもを連れ去ろうとする犯人は、必ず獲物を物色します。あたりをうろつきまわり、「これは」という子に声をかけてみたり、子どもの関心を引いて警戒心を解くといった段階を踏んでから連れ去ります。「行きずりの犯行」であっても、やはり獲物にする子どもを選別しています。

子どもを犯罪から守るためには、犯罪者がこうした予備行動を取ることを知り、犯罪になる前に逃れることが安全のための最良の方法です。「被害に遭《あ》ったらどうするか」ということでは、子どもの安全は犯人の感情と欲求にゆだねられてしまうわけですから、手遅れになりかねません。

アメリカの刑務所の収監者に通行人のビデオを見せて、誰を狙うかを聞いたところ、わずか7秒程度で獲物の選別を終えたそうです。また、性的な犯罪を専門にする警察のおとり捜査官は、授業中の子どものようすを見れば、狙われやすい子どもを見つけることができると言います。

子どもを対象にする犯罪者は、「断り切れない」優柔不断な子どもを狙います。

先生や近所の人、親の知人などの顔見知りの人が性的な犯罪を行う場合は、特にこの傾向が強くなります。相手はどのように子どもと接すれば、犯行が公にならないのかを考え続けているのです。言葉巧みに接近し、身体的な距離を詰《つ》め、そして、なんらかの理由をつけて体に触れてきます。こうした段階で、はっきりと自己表現をすることが大切なのです。

例えば、放課後に先生に一人だけ居残りを命じられたというケースがあります。何か理由をつけて真横に座り、ノートをとる子どもに近づいていく……。そうした時に、先生といえども、「やめてください！」「嫌だ！」と拒否できれば、危険を回避できる方向に動けるでしょう。

ただし、公園で大人に手をつかまれている子どもを目撃しても、それが危険な事態だと感じる人はそう多くはありません。「嫌だ!」「やめて!」と叫んでいても、駄々をこねている子どもを親がしつけているだけだと思ってしまう可能性の方が高いのです。大声で叫ぶだけでなく、「この人は親じゃない!」と言えることも大切です。

犯罪者にとって、しっかりした自己表現ができる子どもは狙いにくいものです。特に性犯罪を犯そうとする「顔見知りの人」は、親や警察に通報されては困りますから狙いにくくなります。「コントロールできる」と相手に思わせないことが大切です。これは、いじめでも同じことです。

●ポイント5

あなたの子どもは適切な人を見つけ、助けや援助を求められますか？

■■■■■ 表現する練習を普段からやってみる ■■■■■

どんなに子どもから目を離さないようにしていても、大きくなってくればだんだんと親の手から子どもは離れていきます。それは子どもの自立への道であると同時に、危険な目に遭《あ》う可能性が増えるということでもあります。例えば、午後3時から6時くらいの間は、学校から家に、家から塾や習い事へと移動するために子どもが無防備になりやすく、親の目や地域の人々の目が届きにくい時間帯です。子どもにとってはもっとも危険な時間帯です。また、登下校時や外で遊んでいる時には、親の目の届かない場所ができてしまいます。

子どもを狙う犯罪者は、こうした時間と狙いやすい場所をよく知っています。

親の目の届かない時間と場所で犯罪者が近寄ってきた時、子どもは誰に助けを求めるかを自分ですばやく判断し、決定しなければなりません。しかし、混乱している状態で正常に判断することは難しいことです。そこで、折りを見つけて、子どもが知らない人と接する訓練を積んでおくことが大切になります。

例えば、子どもと一緒に出かけた時に、「ジュースが飲みたい」ということがあります。こんな時、子どもの意思で買わせてみるのです。その様子を少し離れたところから見守ります。子どもがきちんと買って戻ってきたら、褒《ほ》めるとともに、話した相手がどんな感じだったかを何気なく聞いてみましょう。子どもは時に、大人顔負けの洞察力を発揮することがあります。うまくいかなかったら、そっとアドバイスをしてください。子どもは自分で見知らぬ人と会話し、自分の欲しかったジュースを手に入れることで表現能力やコミュニケーションの能力が身につきます。さらに、自分が一人で接した相手の印象を振り返ることで、そうした能力は高まり、自信もついてきます。

こうしたことを繰《く》り返していると、顔見知りの人から何か被害を受けそうになっても、上手に対処し、場合によって誰に助けを求めたらいいのかがわかるようになっていきます。

●ポイント6

あなたの子どもは、自分の身に起きた危険をちゃんと報告できますか?

■■■■ 事件について話し合うことで安全度は高まる ■■■■

例えば、公園で遊んでいた子どもに、あたりをうかがいながら男が近づいていきます。その様子に子どもが直感的に反応して、その場から素早く立ち去ったとします。この場合、事件にはならなかったわけですが、このままでは次に同じ危険に見舞われるかもしれません。

しかし、家に帰ってから親にこのことを伝えられれば、どんなに危険だったのか、その公園にはもう行かないほうがいいのか、何時まで誰と一緒ならいてもいいのか、次に同じようなことが起こったらどうすればいいのか、といったことを話し合うことができます。それによって子どもは安心しますから、安全度は格段に増しますし、親子の絆《きずな》を深めることにもなるでしょう。

こうしたことができるには、日常的に子どもの話を聴く姿勢が親になければなりません。ただし、親自身が不安になって「外には怖い人がいるから気をつけるんだぞ」「声をかけてくる人は悪い人だから気をつけなさいね」としつこく言いすぎると、子どもは外に出て大人と会うたびに恐れるようになってしまいます。子どもにストレスを与えてしまっては防犯にはなりません。

また、防犯の専門家はしばしば、「公園で見知らぬ人に声をかけられたどうしますか？」という状況と、「デパートで迷子になって困った時に、知らない人に声をかけられたどうしますか？」というように、違うシチュエーションを設定して親子で話し合うように勧《すす》めますが、それぞれに違う対応をさせようとすると、幼い子どもは混乱してしまう可能性があります。これでは、緊急時にとっさの判断に迷い、危険度が増すことになります。

私は、万が一の時には「女性に助けを求める」と教えるのがよいと思います。その相手は子連れであれば、さらに安心だと付け加えてもいいでしょう。統計的にも性犯罪は圧倒的に男性が起こす傾向が強いからです。

子どもは覚えることが多いと、それだけで不安になります。多くの選択肢の中から判断しなければならないと、迷ってしまい対応が遅くなります。できるだけシンプルなことを教えておけば、不安な心配に惑《まど》わされることも少なくなります。それが危険度を減らすことだと思います。

●ポイント7●

あなたの子どもは万が一の場合、自分の体を自分で守れますか？

何をしてもよいから抵抗する

万が一誰かに襲《おそ》われて、切迫した事態になった場合には、子どもであっても自らの力で身を守らなければなりません。護身術的なことを教えるのであれば、簡単なことをきっちり教えることです。

襲われた時にまず、向こう脛《ずね》や足首、足の甲、つま先など、膝《ひざ》から下を靴で思い切り蹴《け》ったり踏んだりします。肱《ひじ》を使って、相手のお腹や股間《こかん》、のどを突いてもいいでしょう。相手の小指をつかんで引っ張る、平手で耳を叩く、髪の毛をつかんで引っ張ってもいいでしょう。いずれにしても、実際に親子で何度もやってみることが大切です。テレビや雑誌では、他にもいろいろな撃退方法を説明していますし、中には「こうやれば身を守れる」というような取り上げられ方をしていますが、専門家としてのやり方であることが多いようです。私は、本当に身の危険を感じた時は、何をしてもよいと思います。変な感じがしたら、全力で抵抗し、一瞬のスキをついて、「大声で叫びながら」走って逃げることです。「身を守る」というと武道や護身術を学ばせる親もいます。礼儀作法や社会性を学ぶという意味ではいいと思いますが、過剰な攻撃は相手を逆上させることがあることを考えると、疑問です。戦うということが犯罪の場でいつも通用するとは思えないからです。

最近では、日本でも欧米の手法を参考にした、暴力防止プログラムを学ぶ機会が増えてきましたから、講習会に親子で参加してみるといいでしょう。例えば、1979年に米国で起こった子どもへの強姦《ごうかん》事件をきっかけに誕生したCAP《キャップ》（子どもへの暴力防止プログラム）はその代表的なものです。このプログラムの子ども向けのワークショップでは、基本的に子どもの人権である、安心、自信、自由をわかりやすく教えてくれますし、私が見た限りでは、いじめや連れ去り、性被害のロールプレイも行っています。また、信頼できる大人に相談するスキルも教えています。

●ポイント8

子どもが自己防衛のために誰かを傷つけたとしても、親として支援できますか？

全面的に支援する決意が子どもを救う

前項のポイント⑦のように、危険を察知した子どもが自分の体を自分で守ろうとする時には、自分の意思に反して逆に誰かを負傷させてしまうことがあります。もしもそうなったら、あなたはどうしますか？

切迫した状況を察し、「子どもが本当に恐かったから、自己防衛に徹したのだ」と危険を感じたわが子の気持ちと立場を理解して受け入れることができるでしょうか。その上で、誰かに傷を負《お》わせてしまった自分の子どもを責《せ》めることなく、全面的な安心と安全を提供する覚悟があるでしょうか。

例えば、あなたの子どもは学校でいじめられていました。あなたはいじめに屈しないように子どもを支え、先生にも事実を報告していました。そんなある日、学校から帰ってきた子どもが、「今日、いじめていた〇〇君にケガさせちゃった」と言ったとします。挑発してきた相手から危険を感じて、思わず抵抗した結果、たまたまひどいケガをさせてしまったのです。

こうしたことが起こると、親は動揺するに違いありません。そんな事態になるまでほっておいた教師や学校に対して怒りをぶつけるかもしれません。「当然よ、向こうが悪いんだから！」とケガをした相手を非難するかもしれません。しかし、自己防衛のためだとはいえ、子どもはショックを受けているはずです。こうした反応は、その子どもの気持ちを慰《なぐさ》めることになるのでしょうか。

なかには相手の子どもと親に思いを巡《めぐ》らし、不安や心配が膨《ふく》らんできて、「どうしてそんことを……」と戸惑いを口走るかもしれません。ですが、こうした言い方は、動揺している子どもにとっては「なぜそんことをしてしまったの」という責《せ》めの言葉に聞こえるかもしれません。

親がすることは叱ることではなく、子どもの話を聴き、受け入れ、子どもの気持ちに沿って「怖かったんだね」と支援することではないでしょうか。こんな時に子どもを全面的に支えてあげられなければ、子どもはさらに深く傷つきます。どんな結果になったとしても、親として全力で支援することを伝え、安心させ、子どもに勇気を与えることです。「これからのことをどうするか一緒に考えよう」と子どもに向き合う。事実の確認を含めた問題の解決に向けて動き出すのは、それからだと思います。

●ポイント9

あなたの子どもは平気で大声を出したり、逃げることができますか？

■■■■■ 犯人がいやがることができるように ■■■■■

子どもを狙う犯罪者は、犯行に及ぶ時に、子どもをおとなしくさせるために巧妙な手段を使います。力ずくで強引に従わせようというのは稀《まれ》で、多くの場合、抵抗される危険を避《さ》けるために、脅《おど》かして服従させようとします。凶器を見せて「おとなしくしないと、ひどい目に遭《あ》うぞ」といった威嚇《いかく》はまさにこれで、裏には「騒がないでほしい」「騒がれては困る」という気持ちがあります。

特に、性犯罪者の多くは事件が発覚すれば子どもと接触する機会を失ってしまうわけですから、せっぱ詰《つ》まったことがない限り力ずくで襲うことは稀《まれ》です。むしろ、子どもを混乱させ、罠《わな》にかけていくプロセスに性的興奮を覚えたりします。性犯罪は、その本性を隠して、人なつこい笑顔で近づきます。フレンドリーな口調や仕草、態度で子どもの警戒心を解き、心の中にそっと忍び込むのです。

顔見知りの犯罪者であれば、良き理解者を装《よそお》って、親の信頼を得ながら距離を縮めていくことさえします。例えば、子どもの警戒心を解くために、お菓子などの小さなプレゼントをすることがあります。些細《ささい》なプレゼントであれば過敏な反応をしませんし、親からも親切な人として信頼感を得られます。これは親が子どもによく言う「知らない人から物をもらってはだめよ」を悪用し、信頼できる人なら拒否感が薄いことを見抜いているのです。そして、行為が終わると、「お母さんが知ったら、悲しむだろうね」などと卑劣《ひれつ》なことを言って子どもに口止めするのも、裏を返せば親に犯行がばれることを恐れているからです。「静かにしろ」と言われたということは、静かにしないことをいやがるのだ、「親に黙っていろ」と言うことは、親に告げられるといやなのだということです。

だからこそ、子どもには大声を出して相手を混乱させ、走って逃げる、そして、親に相談することが自己防衛になるのだということを繰《く》り返し伝えましょう。

●ポイント10

連れ去られることに感づいた時、あなたの子どもは抵抗できますか？

■■■■■ 車には絶対に乗ってはいけない ■■■■■

連れ去り事件には、強引に連れ去られることもあれば、言葉巧みに近づいてきて子どもを安心させ、子どもの自分の意思によって連れ去るケースもあります。後者のケースは、アンケートと称して最後には高価な商品を購入させる大人もひっかかる詐欺《さぎ》の手口と似ていますから、このテクニックを知っておくことは、子どもを守ることに役立つと思います。

アンケートによる詐欺では、まず遠くから慎重に獲物の値踏みをします。おとなしそうな人、自己表現の苦手そうな人を見つけると、背後から接近してアンケート調査へのお願いをします。アンケート調査は名目で、知らない人に声をかける手段に過ぎませんから、「すぐに終わりますから」と勝手に約束させてしまいます。まず、小さな依頼によって獲物の心理をかき回すわけです。

それから、外見や態度、言葉遣いなどを褒《ほ》めたり。肩や腕にタイミングよく触れて、親近感を感じさせます。名前を聞いて会話がスムーズに流れるようにもします。あなたの話を聞き会話を弾《はず》ませ、自分のことについても正直に話すふりをしてさらに心理的な抵抗を除いていきます。こうして、徐徐に心にすきが生まれていきます。

その場でアンケートを渡して足止めを狙う場合もありますが、手渡されてしまうと、自己表現が苦手な人はそれを返すことができません。逃げられなくなってしまいます。そこを見計らって、「近くのアンケート会場で記載をお願いできますか」とうながします。

女性には安心させるために、「女性の担当者がいます」とか「すぐに帰ってもらって結構ですから」ということもあるでしょう。こうした対応をされると、「ここまで丁寧《ていねい》なのだから、悪い人ではないだろう」と考えてしまうのです。そう思ってそちらに動いたら終わりです。しかも、強引に誘われたのではありません。あくまでも、あなた自身の意思でそこに向かったことになるのです。

ここまでの流れを見てみると、まず、信頼関係を作り、次に獲物に逃れられないような工作をし、最後に自分の意思で承諾させていることがわかります。これを子どもへの連れ去りに当てはめてみてください。子どもがこれから逃れることはそう簡単ではないと思います。直観を信じ、変だなと感じたら大声を出し、戦い、逃げ出すという方法で窮地《きゅうち》をのがれるのがベストでしょう。また、連れ去り事件の犯罪者は、車で徘徊《はいかい》しながら獲物を探すことが多くなっています。もしも子どもが声をあげて逃げようと思っても、車に乗ってしまったら不可能です。「危険を感じたら車に近づかない。そして乗ってはいけない」ということは、何度も子どもに伝えてください。

■■■■■ わが子を守る基本安全ルール ■■■■■

■子どもに教える基本的な項目

1、住所、名前、自宅の電話番号を暗記させる。
2、携帯電話には自宅などの短縮発信をセットする。
3、留守宅に一人で戻る時は、周囲を確認してからドアを開ける。

4、警察や消防に電話連絡できるようにさせる。
5、留守番中は誰かから電話があっても、過剰反応しないようにする。
6、留守番中に誰かが訪問してきても、過敏に反応しないようにする。
7、外出時は必ず行き先と一緒にいる人の名前を告げさせる。

■親が行いたい基本的な項目

1、子どもの行動範囲を把握する。（通学路、遊ぶ公園など）
2、人気《ひとけ》のなくなった公園や暗い道、不審者が出ると噂《うわさ》のある場所などを確認する（子どもから「なにか変」「嫌な感じ」がするという情報を受けたら、一緒に確認する）。
3、子どもが危険やパニックに陥《おちい》った時に、確実に行えるよう、右記の項目に加え「まずは逃げる」「大きな声が出せる」ように練習する。

※あくまでもこれは基本なので、子どもの成長過程に合わせて、また自立させるためにも「伝え方」を変えてください。また、家庭のあり方によっては、新たな安全ルールが必要になるかもしれません。基本を踏まえつつ項目の追加や加工をしてください。

第4章

いじめ、自殺から子どもを守るには

内田良子（心理カウンセラー）

この章のポイント

- 小さい子どもへのいじめは、大人の態度が影響する
- 行きたくないと言ったら、まず言い分を受け止める。園や学校の枠の外でも、子どもは成長する
- 親も学校や園に対してきちんとした主張をすることが大事

内田良子●心理カウンセラー

1973年より東京都内数ヶ所の保健所にて相談活動を続け、2000年まで佼成病院心理室に勤務。98年から「子ども相談室・モモの部屋」を主宰し、登校拒否、不登校、非行、ひきこもりなどのグループ相談会を開いている。また、NHKラジオの電話相談「子どもの心相談」アドバイザーとしても活躍。育児サークル、登校拒否を考える親や市民の会、幼稚園や小学校など、全国各地で講演を行っている。著書に『幼い子のくらしとこころQ&A』、『カウンセラー良子さんの子育てはなぞとき』(ジャパンマシニスト社)、『子どもたちが語る登校拒否』『親たちが語る登校拒否』(編著・世織書房)、『わが子をどう守るか――不登校・虐待・治療・いじめ・教育・法律』(共著・学苑社)などがある。

●ポイント1

小さい子どもへのいじめは、大人の態度が影響する

幼児期から始まる「いじめ」の芽

地域での幼い子どもたちへの犯罪が多発していますが、それ以上に子どもたちを取りまく厳しい問題がいじめです。いじめをする子、同調、加担してしまう周囲の子、そしていじめられる子。それぞれが持つ子どもたちの抱える「悩ましい問題」の本質とその根っこは同じだろうと、私は思います。しかし、親にしてみれば、とにかく我が子がいじめられて欲しくない、またもし、いじめられたら、どうやってそれを発見しわが子を救えるか、まして、いじめによる自殺などあってはならないと心配しているのだろうと考えられます。

いじめの問題の多くは小学校に入ってから起こります。年齢が上がるほど陰湿であったり、度を起す事件が増えます。しかし、私はこうした「いじめ」という行為は、実際は幼児期にも萌芽《ほうが》があるのではないかと思うのです。

一例として、大学生が授業で書いたレポートを読んでいると、最初にいじめに遭《あ》ったのは幼稚園の時だったと書いている学生がよくいました。年中、年長組の子たちからいじめられたと。いじめはすでに幼稚園・保育園時代から始まっていると考えられるのです。幼稚園・保育園児たちが、園に行きたくないと訴えることがよくあります。もちろん子どもたちの中で園の中でのいやなことを「いじめ」だ、と認識するわけではありません。どうも力関係の差を「いじめ」られたと呼んでいることが多いと思われます。

子どもの世界では、幼稚園や保育園での生活の大部分が遊びです。遊びの中で人間関係が育まれます。その中で強い子と弱い子がいて、無理が通れば道理が引っ込むという世界が必ずついてまわります。力の強い者がその場を制し、関係性を支配します。それは大人の世界でも子どもの中でも同じです。まして幼児期では、早生まれの子などは、どうしても一般的には体力が弱かったり言葉の表現力が幼なかったりします。

たいていそれを子どもたちは「『あっちへ行け』と言われて、遊んでくれないから保育園に行きたくない」とか、「誰誰ちゃんがいじめる」とか表現したりするのです。今の時代は「いじめ」という言葉を使って子どもたちも状況を親に説明します。昔は意地悪されたとか乱暴されたとか、一つひとつニュアンスが違って受けとめていたように思いますが、今は「いじめ」ですべてが表わされがちです。

ですから、幼稚園や保育園でいじめられるから行きたくない、となるわけです。

小さい時のいじめは先生がきっかけをつくる

もう一つ、先生たちにそれが見えないことがあります。子どもたちはいじめと感じているのに、先生にはそれがいじめと見えない。これは小学校に入っても同じです。

一つは明らかに集団のルールやマナーを逸脱するような力の支配があり、もう一つは集団のルールやマナーを隠れ蓑《みの》にしてやる合法的やり方との二通りがあると思います。後者では先生からは全然見えないわけです。ルールの中でルールに則《のっと》ってやる排除のようないじめ方です。

先生は子どもの世界の権力者ですから、「この子はダメとか、この子は困った子」と扱えば、その子は他の子どもたちからやっつけていい存在に映ってしまいます。

年齢が小さいとはいえ子ども同士の社会で毎日生活するわけですから、そこで自分を否定されたり、正当に扱ってもらえない子は被害者、いじめのターゲットに選ばれるわけです。その子を先生が、大人の側が選んでしまうこともあるわけです。これは大変注意すべき問題の一つです。

この問題が実は結構大きく、小・中学校などを通していじめられていた子どもがある程度大きくなり、過去の学校時代を振り返って語るのを聞くと、必ずと言っていいくらい先生の問題が出てきます。当時は子ども同士の問題だったものが、実は先生が問題の発端《ほったん》だったということもよくあります。

「静かにしなさい」と言っても騒ぐのは悪い子。じっと座っていられない子は困った子。クラスの運営上、先生はそう指導することが正しいと思ってやっています。それに子どもたちが従うわけですが、その結果、騒ぐ子、座れない子は排除されて行きます。仲間たちからいじめられても仕方ないと教師に無意識に承認されてしまうわけです。

今は学校であれ一般社会であれ、人にレッテルを貼《は》るということが起こりやすい時代になっています。

いわんや幼児期の子どもは、回りの大人の言葉を学んで育っていきます。親や先生などのマネをして学びます。自我が発達して子どもなりの判断ができるのは9歳ぐらいからと言われますので、2〜3歳や学童期前の子どもたちには自分での判断は無理です。どうしてもレッテル貼りのような大人の判断を見て影響を受けてしまいます。

家族以外の集団の場に出会うことが早いという状況は、今後少子化が進み、また働く親が多くなると避《さ》けられません。ですから、小さな子どもを保育園や幼稚園側が預かるということは、よほど丁寧《ていねい》にプログラムを立て、先生方が充分に言動に注意を払う必要があります。

「正常」感覚への幅が狭いことが、いじめへ？

最近は特に一人ひとりの個性が許容されにくくなってきています。大人にとって扱いやすい子どもが好まれるのです。そうした状況が一方であり、もう一方では、「発達障害支援法」ができて、落ち着きのない子、じっとしていられない子どもには知的遅れのない発達障がいがあるとしたり、また、マイペースで他の子どもと一緒に参加できない子はアスペルガー症候群ではないかとか、色々な専門的な判定をします。子どもとしての多様なあり方を認める幅が狭くなっていると思うのです。

そういう中では、大人の、先生や指導者の価値判断から「ノー」とされる子どもたちはターゲットに選ばれやすくなっています。また逆に、大人に「ノー」と言われたことに反撃する側の子は、あの子はいじめっ子だとか言われかねません。実を言うと、大人による子どもいじめが始まっているという気すらします。

「正常」とみなす感覚の幅をかなり狭くすることによって、大人による子どもいじめが始まっていると私は感じています。それが本当は一番子どもにとって厳しいのではないかと思うのです。いじめの問題とは、社会的な視点から考察すれば、弱者をどうするか、という問題です。

特に気になるのは（軽度）発達障がいなどの概念や情報を手にしている親、大人、そして幼稚園や保育園の先生方が、クラスにいる子どもたちをそうした目で見ることです。集団の中に6～10％はいると言われていますので、10人に1人の子に発達障がいがあると考えてしまいます。その眼差《まなざ》し、小さい時の子育ての中で子どもの行動への理解が、私はとても気になります。まずは不安に思う親、そして先生方。この障がいに対する眼差しが、

10年、20年前に比べて厳しくなっていると思います。

昔なら「元気の良すぎる子、大きくなったら落ち着くでしょう」で済んでいた子が今は、「障がいじゃないか、医療機関、相談機関に行って判定してきてください」と言われますから、元気の良すぎる子では済まなくなっています。

乱暴すぎて幼稚園での適応が心配だとか、じっと座っていられないとか言われますが、子どもははっきり言って以前と変わっていません。30年間、子どもの相談現場を見てきましたが、子どもそのものの本質は変わっていません。でも、子どもを見る大人の目が変わってきたのです。どこがより変化してきたかというと、まず幼稚園、保育園などの集団側です。次に緩《ゆる》やかな集団を形成する公園や児童館。子どもを見る目がとても厳しくなってきています。昔の子どもの方が、ありのままでいられました。

また、いまの子どもはしつけがなっていないと言われます。そうすると、親はもっとしつけに力を入れてしまいます。

レストランで食事していればきちん座っていて、暴走しない子どもたちがいる一方で、小学校入学早々、1年生で学級崩壊。一体、何が起こっているのでしょうか。

●ポイント2

行きたくないと言ったら、まず言い分を受け止める。園や学校の枠の外でも、子どもは成長する

小学校の現状から幼児教育を見る

小学校に話を変えてみますと、先生から見れば、黙って座って話が聞ける子が当たり前と思っています。しかし、今はそういう時代ではなくて、それなりに子どもたちが興味を引きつけられる、おもしろい内容の授業を言ったりやったりしなければ、子どもをじっとさせっ放しにできない時代だと思います。

テレビ、ゲーム、ビデオ、アニメ、マンガ雑誌など、家庭や社会の中でさまざまな刺激や興味あるものに取り囲まれて子どもたちは暮らしています。おもしろくなければおとな

しくつきあってくれません。

ところが、自分たちの学級運営の破綻《はたん》は棚《たな》にあげて「学級崩壊が起き、子どもたちが手に負えません。親御さんたちは教室に来て、子どもの授業態度を見てください」と言われ、また「家庭でもう一回、しつけをし直してください」などと要求されたりします。

ところが、授業参観に行った親が共通してあげるのは、大人の目から見ても「とにかく授業がつまらない」という話です。

現代の子どもたちは、雑誌やテレビ、ゲームなど、さまざまな子ども向けの好奇心を与えられています。現代のメディア事情から見て学校も、子どもたちの知的好奇心に訴えられる授業を提供しないと、おとなしく座って1時間聞いていなさいと言っても恐らく無理でしょう。大人の側が、時代に合った工夫をする必要性を感じます。家庭のしつけの問題で片付けられる内容ではありません。実のところ大人の工夫で授業を展開するとなると、今の文部科学省の検定教科書では無理だろうと思いますが、先生方が自分の知性、感性を駆使して子どもたちの知的好奇心に合わせた授業が創造できるような、子どもの心が生き生きする授業をもう少し自由に認めてあげられたらいいですね。

とにかく、子どもにとっては退屈な授業をなんとかして欲しいだろうと思います。子どもはやそんなことを先生には言えませんから、大人たちが子どもの実態に即して教育のあり方を汲み取らないと変わりません。

小学校から顕著《けんちょ》になるいじめも、子どもたちの知的好奇心に働きかけて、皆の共通の興味に集中させることから人間関係を作っていけば、学級運営が変わり、いじめが起こりにくくなると思います。いじめ予防とは、子どもを引きつける楽しい授業と学級運営がポイントだと感じます。ただし、子どもたちへの評価さえしなければですが。

同じものに興味を持ち、好奇心をふくらませて、〝自分の感じ方・考え方〟を出し合えれば「あいつはなかなか……」と認め合える世界が教室にも学校にも生まれて来て、いじめをする必要性が減少するでしょう。

つまらない授業のあい間あい間に、気分転換、退屈しのぎに何をするか？　子どもが学校に遊べる私物を持ち込んではいけないとか、取り上げたりすると、あとは遊びの方法はクラスの子どもたちしかいないわけです。生身の人間がいじめの対象になりやすいのが学校です。

その上、先生が管理的発想で、「あの子は困ったものだ」「この子は勉強がダメだ」とレッテルを貼れば、退屈な子どもにとっては、先生がいじめてよい子を選んでくれたようなものです。集団の中で退屈すると、することは決まっています。

いじめがあったら、その入れ物から出ること

いじめのターゲットになっている子どもは、教室という容器から外に出るしかないと思います。その場合の、もう一つの道は、学校の集団の中で子どもがギブアップしても、地域の中で学び、育つという畑を耕すことです。例えば二〇〇七年あたりから団塊の世代が定年退職し、地域へ帰ってきますから、この人たちの豊かな経験や社会的実践を子どもたちのために使ってくればいいなあと思います。

学校のように、ある特定の価値観や競争、テストの結果といった定規で評価が固められている場所よりも、地域はずっと可能性が豊かだと思います。よく聞くのは、学校の校長先生や管理職をやっていた方がたでも、定年となり、縛《しば》りを外して不登校の子どもたちをサポートしたりすると、いかに自分たちが子どもたちの視点や認識に欠けていたかを反省させられるということです。もう少し人間的にやれたのではないか、引退したからわかったとおっしゃいます。

こういう心ある定年になった先生方が、家に戻り、地域で文部科学省や教育委員会の縛《しば》りをなしに、やりたかったこと、できなかった教育をやってみたら、きっとおもしろいことができるのではないでしょうか。それをNPOのような市民感覚で、子育て支援というより、学び支援のような形でやってくれるといいなと思うのです。学校の外に学びの受け皿があれば、学校におけるいじめ問題もかなり解決へ向かうに違いありません。

学校でいじめ・いじめられる関係にある子ども同士が、塾だとそれがないという場合があります。学校という囲いの中だといじめがあり、塾のような囲いのない場だとなくなる。つまり、今の学校のあり方の何かがいじめの根源だと思うのです。

そもそも、いじめられない子に育てる子育ては今の学校に通う限り不可能です。ただし、いじめられても被害を最小限にくい止めるという子育てや教育はあると思います。環境を見直して、大人がどうしたらそうなるかを考えるべきです。

何を子どもに伝えるかというと、いじめ被害があったら、早くその入れ物から出るようにと子どもに教えることです。自分が被害を受けたそこから離れるようにと判断できるようにさせることです。それは性犯罪でも同じです。

子どもの「NO」のサインを受け止めて

保育園でも幼稚園でも小学校でも、子どもが行きたくないと言ったら、親はまずそれを受け止めてください。

幼稚園、保育園の時は特にそうですが、小さな子が「園に行きたくない」と言った時には、大人にとってどんな小さなことでもその子にとっての正当な理由があるものです。「NO」と言った時に受け止める。子どもの「NO」のサインを聞くことのできる大人、親になることが大事です。

子どもの言いなりになるという意味ではなく、言い分を聞いてあげられる大人です。言い分とは、子どもにとっての自己主張ですから、子どもの「NO」を聞くことが子どもにとっての安心感になるのです。

それから、小さな子の場合、自分ではなくても、他の子どもを先生が怒っていて、その先生の怒りがとても怖いというケースもあります。先生は絶対的な存在であり権力者ですから、自分は怒られてなくても他の子への怒り方が怖いので登園したくない、ということがよくあります。

当たり前ですが幼稚園に行く意味や価値がわからない幼い子の場合、自分は家でお母さんと遊んでいる方がずっといいと言う子もいます。

こうしたことを「どうしてなの？」とか「なぜ、なぜ？」と問いただそうとすると、子どもは言えなくなることがよくあります。子どもが自然に話せることが大切です。

先程の、「先生が他の子を怒っているのが怖い」というケースでは、「じゃあ、先生にそのことをお話しようか」と言うと「先生に言わなくていい」という子が多いのも事実です。

お母さんさえわかってくれれば、その子の心はＯＫなのです。自分を保護してくれる、心から守ってくれる人が、事態を把握してくれれば安心なのです。

保育園だったら、お昼寝がいやだとか、眠くないのにお布団の中でじっとしていなくちゃならない、でもお布団に入らないと先生に怒られる、ということもあります。

まず子どもは、「お昼寝がいやだ」ということをお母さんに知って欲しいのです。お布団の中で横を向いても先生に叱られるとか、そういった幼い子どもなりの切実な理由を、お母さんに言えるだけでもずいぶん楽になります。

４歳、５歳、６歳と上の年代になってくると、お昼寝は苦痛になります。その時には、

「先生に、静かに他の部屋にいられるように頼んでみようか」と子どもに聞くだけで、子どもの心は救われます。

保育園に行かない、となる前に、お昼寝の時にも起きて過ごせる環境を子どもに保証してあげられれば、うまくいきます。もし、働いているお母さんが時間の融通がつく日なら、お昼寝の前にお迎えに行ってあげようかと言えば、それで十分です。お迎えがどうしてもお昼寝の後になるのなら、「じゃあ今日は、お昼寝して待っていてあげる」と子どももわかってお母さんに言うでしょう。お互いが折りあいをつけて、それを親ができる範囲で尊重すれば、子どもはそれで納得します。

●ポイント3

親も学校や園に対してきちんとした主張をすることが大事

自分の言い分を言える子に育てよう

幼稚園で3歳の女の子が、席で隣に座った男の子が怖い、乱暴されそうというケースがありました。食事の時にフォークを振り回すので、それが目に刺さりそうで怖い、隣の席がいやなのだと。先生に訴えても注意はするけど、男の子はやめないというのです。

「だから今日から幼稚園に行きたくない」と言います。

こうした時に一日でも休むと、休みグセがつくからと無理に行かせようとするお母さんもいますが、休みグセといったことはありません。

「じゃあお休みしよう」とお母さんが言ったところ、安心して自宅で自分のペースで遊び出し、2〜3日したら飽きてしまって自分の方から幼稚園に行くと言い出したりします。

そして、フォークを振り回す男の子に関しては、先生に席を変えてもらい、解決したそうです。

大人にとってはささやかでも、子どもにとっては一つひとつが大事件です。子どもの言い分を聞く。言い分を取り上げて、親や幼稚園の方で解決すれば事態は好転します。生活のページが新しくなるということを、子どもが学習します。問題が解決すると自分の言い分を言える子どもに育ってゆきます。

言ったことがそれなりの結果をもたらすということを、小さい頃から経験することはとても大事です。

いじめの問題では、小学校あたりになると、わが子がいじめられていると知った親が先生に言えば「ちくった」となり、いじめはさらにひどくなります。

そんな時は、いじめの現場から早く離れるしかありません。クラス集団に圧力がひどく加えられている時は、ターゲットのAちゃんが学校を休むと、今度はBちゃんがいじめを受けるという形になります。Bちゃんが休むとCちゃんに、いじめのターゲットが次々に移るメカニズムがありますから、誰かがそこから離れる、休むことにより、担任の先生に事態を認識させ直すことが大切です。

親も、そのいじめが解決するまで登校させませんと、きちんと拒否する勇気を持つことも大切だと思います。

親は子どもの立場でキチンと権利主張をすることです。子どもが何でも親に聞いてもらえる。聞いた親は必要な時には行動し、子どもに安心を与える。この関係を幼児期から作ってゆくことが、いじめを予防する上で最も大事なポイントであることは言うまでもありません。

そもそも学校に対しては、「学校なら学校の現場で起こった問題を、丸ごと親に投げ返すということは責任放棄です。いじめはまず、その場を運営している学校の責任です。先生が解決することでしょう」と言い返す必要があります。

幼稚園、保育園で、もしそういういじめに類する行為があったなら、我が子の教室を参観をさせてもらい、先生と話し合うべきです。もしかして、そのいじめをする子は、いじめ相手のお母さんが来ているから静かなのかもしれませんし、相変わらずなのかも知れません。

集団生活を運営している側が、自分たちの役割と責任を自覚していないことが大きな問題を生みやすいのです。

親は学校での一部始終を見ているわけではないので、事が起こった時には、先生がやった子、やられた子の双方から言い分を聞くことです。最終的に泣いたのはAちゃんかも知れないケースでも、その前にAちゃんが先に何かをやってしまった可能性もありえます。それに対して反撃したら、Aちゃんが泣いてしまった、ということもあるわけです。一部始終を聞いてみないと問題の核心は見えません。

しかし、子どもたちの立場で見れば、自分の言い分を言っただけで問題の半分は解決します。申し開きをして、自分の正当性を主張できたわけですから。

兄弟ゲンカと同じで、お互いの言い分を第三者の大人や親が公平に聞いてあげられれば大半は解決します。子どもの言い分を聞くことのできる人がいるか否かが肝心です。

■■■■■　保育・教育の人手不足にボランティアを　■■■■■

幼稚園は一クラスが30人ぐらいですが、集団のサイズと人の配置が問題です。一人の先生で30人は無理です。

いじめの種は集団を用意する段階でまかれているので、学校であれ、幼稚園や保育園であれ、あるいは大人の組織でも、人が集まれば必ず起こりえます。いじめが育ちやすい集団にしてはいけない、ということを認識すべきです。

日本の場合、子どもの発達の時期と集団の大きさから言えば、圧倒的に大人の存在が少ないのです。もし、常勤のスタッフとして保証できないなら、どんどんボランティアを現場に入れることも必要だと思います。

子どもに楽しくかかわる大人が増えれば、地域そのものを再構築する一歩になると思います。いじめの問題は、複数の大人が現場に参画していれば少なくなるはずです。大人の関与が少ないと、どうしても教育や保育がマニュアル化します。学校教育のエリートで育ってきた人は、マニュアルに忠実にやる傾向がありますから。

マニュアルは標準的な子どもを対象にしがちです。発達段階にある多様な子どもの個性の幅に対応することが難しくなります。少子化時代の中では特に、先生や親も含め大人自身が子どもを知らないことが問題です。知識だけで通用する専門家も含めてです。

まず今、地域の公立学校をなんとかするのが先です。公立中学のバラつきがかなりあります。中学への私立受験も、都会では多くなりましたから、ある範囲の子どもたちが小学校を卒業すると地域の学校からいなくなります。従来のやり方では地域の中学校の運営は難しいでしょう。

公立の小学校を魅力ある学校に変えてゆく。地域の市民が学校をどう手伝うか。就学前の子育て支援のグループが各地にありますが、そこのお母さんたちが緩《ゆる》やかにネットワークして、小学校入学後も行動してゆけるかです。そのためには各学校の受け入れ時期が重要になりますが、市民を学校の中になかなか受け入れたくないらしく、まだまだ難しいようです。学校の閉鎖性をどう開いていくかも大切な地域の課題です。

親が相談できる幼稚園・保育園・小学校を

今、共働きの親が増えています。子どもの将来にも教育費がかかります。経済的に大変な時代だからこそ、保育園や幼稚園などで子どもたちを受け入れている時期は「大丈夫、いつでも参観に来てください」と言えるような保育や教育をすることです。

そういうスタンスが明確なら、幼稚園や保育園、そして学校にも、子育てで困っている親は相談できます。また、そうした関係をつなげるような場が地域のあちこちに欲しいと思います。

子どもが起こす問題を家庭のせいにしてしまう保育士さんや先生たちは、親に対して厳しくなっています。うまくいかないのは家庭に問題があるからだ、と自己正当化する傾向にあります。

私は、家庭はよくやっていると思います。でも、生活が厳しい家庭にこそ、パブリックな立場の人々が力を十分に注ぐべきだと思うのです。それが信頼を生み、信頼される場を作り、それならそこへ子どもを行かせたいと親も思うはずです。

いじめの加害者、同調者、見て見ぬふりをする子どもたち、そして、いじめを受けている子どもたちもいますから、「自分の子はせめて」と親は思うでしょうけれど、決してうちの子どもだけがよければいいのだ、とは思っていないはずですし、冷たく厳しい扱いを受けている子どもたちを見たり、聞いたりすると心が痛みます。また、そうなると余計、わが子を守ろう、という気にもなってしまいます。

学校や幼児教育の場などのパブリックな立場の人々と組織が信頼され、地域の人々が参加し相談に行ける状況をどう作ってゆけるか、そして親が子どもの言い分を幼児期から受け止め、「NO」という自己主張を受けとめられるか。信頼と安心の関係を子どもに感じさせられるか。この両方に、将来起こりうる幼児期にいじめを予防してゆく鍵《かぎ》がかくされていると私は実感しています。

第5章

「心の闇《やみ》」という危機を癒す親の力

毛利元貞（脅威査定コンサルタント）

この章のポイント

- 安全のために親がまず注意すべきことは、自分の心と子どもの心の闇を知ること
- 家庭で心が満たされていないと性犯罪の誘因になる
- 自尊心が過剰に高まった子どもは、感情が衝動的に爆発して犯罪を犯す可能性がある
- 子どもの話を聴く時は作業をやめ、からだ全体で受け止めるような気持ちで
- 親子のコミュニケーションがきちんととれていれば、被害者にも加害者にもなりにくい

●ポイント1

安全のために親がまず注意すべきことは、自分の心と子どもの心の闇を知ること

●

子どもという加害者

子どもが起こした犯罪や事件でよく報道されるのは、「加害者はまじめで普通の子どもでした」「ごく普通の家庭だったのに」というものです。マスコミは普通の子どもや普通の家庭の中で、突如《とつじょ》、問題が起こるという状況を好みます。

確かに過去の事件データから加害者の過去を分析してみると、その大半は普通の家庭で育っていることがわかります。貧困な家庭や子ども時代のトラウマ、崩壊している家庭で育ったからといって、犯罪や暴力を起こすわけではありません。マスコミの指摘は、ある

意味では的中しています。「普通の家庭に育っている」からこそストレスへの耐久力が欠《けっ》損《そん》し、暴力や犯罪に手を染めやすくなるものです。もちろん、被害者にもなりえます。とはいえ、突如ということはなく何らかの予兆が存在します。

例えば、子どもへの安全を願う親の考え方がずれており、子どもに悪影響を与えているような状況がそうです。子どもへの犯罪が大きく報道されるにしたがって、いつでも子どもがどこにいるのかがすぐにわかるように、子どもにGPSの携帯電話を持たせる親が増えています。学校や通学路に過剰な量の監視カメラを設置したり、不審者対策のパトロールを行うようになっています。さらには、ICタグによって、子どもが自動販売機の前を通過するとチェックされ、子どもの登下校をリアルタイムで保護者のもとに知らせるシステムまで存在します。

大人が防犯対策に熱心になるのもいいですが、肝心《かんじん》の子どもはどうなっているのかと考えると、私にはちょっと疑問が残ります。そういうことを本当に子どものために大人がやっているのか、単に親自身が安心したいがために子どもに押しつけているのか、ということを今一度、再検討すべきではないでしょうか。実際に脅威《きょうい》にさらされているのは子どものはずです。過保護な防犯対策が続けば、子どもは考えなくなります。子ども自身が成長して社会を生きていく知恵を身につけさせて、自分の力で心身を守れるようになるためにはどのような支援をしていくかということも、親の役目になるはずです。しかし、そうではなく、親が安心したいための防犯対策にすり替わっているとしたら、本末転倒ではないかと私は思うのです。

いくら優秀なGPS機能付き携帯電話を持たせても、子どもがしっかりとその重要性を理解して、心が満たされていなければ意味はありません。さもなければ、不注意や自らの意思で電源を切ってしまうことがあります。

私は、「子どもに何か問題のあるという親」の心理カウンセリングを行っていますが、仕事の7割から8割は親の心配と不安をやわらげることです。親が自分自身を理解していくことで、子どもの気持ちが安定していきます。

実際に子どもの心身を案じて、危機介入する場合も稀《まれ》にあります。しかし、実際には親が考え方や子どもへの接し方を是正することで、事態は改善されるものです。

子どもを真剣に見ることをしないで、犯罪や暴力から子どもを守りたいという気持ちだけが優先する時こそ問題が助長されます。「これは危ない」「あれも危険だ」と恐怖ばかりを与え、子どもをコントロールすることになってしまうからです。

もちろん、コンセントに指を入れるとか、刃物を持つといったレベルの危険は、伝えなければなりませんが、子どもとコミュニケーションが上手にとれるようになれば、子どもとの関係がうまく行くようになり、子どもが実際に遭遇《そうぐう》するような犯罪や暴力のほとんどは未然に防ぐことができます。子どもの安全と安心を考えるには、親の心がまず安全と安心な状態であることが求められます。親の気持ちにゆとりがなければ、子どもを犯罪から守ることはできないでしょう。

安全と安心を子どもに、と親が願う気持ちの奥には、「子ども自身が自立して、自分の力で自分の身を守れるようになってほしい」という切実な願いがあるものです。ところが、伝え方によっては、子どもとの間に誤解が生じます。親の意志や過度の保護を押し付ける状態が長く続くと、子ども自身の考え方や感じ方は奪われていきます。お互いの自立の適切なタイミングが失われ、子離れも親離れもできなくなり、社会に適応できない家庭になってしまう危険性があるのです。

親がまず問題にしなければならないのは、幼稚園や保育園、学校を襲う襲撃者《しゅうげきしゃ》への防犯対策よりも、自分の心を理解することです。そして子どもの心の問題、すなわち、子どもの心の闇《やみ》をどう理解していくのか、が重要であると私は考えています。

●ポイント2

家庭で心が満たされていないと性犯罪の誘因になる

■■■■■ 性犯罪の被害者に年齢、性別は関係ない ■■■■■

子どもが対象になる犯罪や暴力の7割以上が性的なものであると言われます。「性的な」というと女の子だけが対象になるように思う親御さんもいますが、現実には男の子の犠牲も見逃せません。加害者の好みによって犠牲者は選ばれますから、年齢、性別は関係ありません。どの子も被害者になる可能性があります。

一方、加害者の8割近くは男性ですが、子どもと接する機会の多い女性の場合もあります。また、加害者はいわゆる〝不審者〟とは限りません。近年、学校の教師による性的犯罪がマスコミに取り上げられることがあるように、社会的な地位のある人、人格者として周囲から信用されているような人が犯人であることも決して珍しくないことは、知って欲しいと思います。その先入観があると、「いたずら」をされたのにも関わらず、親切なやさしい行為と罠《わな》を混乱して、「自分の誤解ではないか」と否定したり、思い切って親に話したのに、「あの親切な人がそんなバカなことをするはずがないわ。信用しなさい」などと、とりあげられないことがあるからです。つけ加えれば、性的な暴力や犯罪は家庭の中でも起こることがあるということも、頭の隅《すみ》には置いておいてください。

性犯罪から子どもを守る性教育

家庭が何らかの理由でぎくしゃくしていたり、親からの心理的な虐待《ぎゃくたい》、養育放棄などに遭《あ》っている時、子どもは性犯罪者に狙われやすくなります。親から愛されることがなく、注目されることもなく育った子どもたちはさみしい思いをしています。そのさみしさを満たしてあげれば、車で連れ去るといった大がかりのことをしなくても、簡単になびかせることができるからです。偽《いつわ》りの愛情であっても、愛情を欲しがっている子どもの心に犯罪者はつけこんできます。そういう匂《にお》いを敏感にかぎつけるのは、身のまわりにいる顔見知りなのです。同じような背景は、親への反発や鬱積《うっせき》した感情から性を売る少女たちにもあると、私は思います。

性的な犯罪から子どものリスクを下げるには、性をタブー視するのではなく、親が積極的に性教育に取り組むことも重要です。親が教えないからといって、子どもは性について知らずにいるわけではありません。子どもは必ず性に興味を持ちます。しかし、きちんと教えてくれる人がいなければ、友だちやインターネット、マンガや雑誌といった限られた方法で、一方的でかなり特殊な情報を受け取ることになります。そうなった時こそ、あなたの子どもに危険が迫っているのです。

性について子どもに語ることに臆病《おくびょう》にならず、年齢や成長に合わせて、子どもが恐怖心や不快感を抱かないように、きちんと教えたいものです。まわりくどい言い方を避《さ》けて、素直に話すことが、子どもを性犯罪から守ることにつながります。

●ポイント3

自尊心が過剰に高まった子どもは、感情が衝動的に爆発して犯罪を犯す可能性がある

■■■■ ナルシシスト化している子どもの危《あや》うさ ■■■■

子どもの頃から親に「ああしなさい」「これをしてはいけないでしょう」と叱られたり、否定的な言葉をかけられて育つと、成長しても自己肯定感が育ちにくくなります。自分のことを「どうせ必要ないんだ」「生まれてこなければよかった」「自分なんかどうなってもいいや」「私はとりえがないだめな人間だ」と思うようになります。親から愛情を受け取ることができないままに育ったために、自己嫌悪や自己否定をするしかなくなってしまうのです。

セルフ・エスティーム（自分が価値のある存在と感じること。自尊心）が育っていないこうした子どもが追いつめられると、惨《みじ》めな自分を自らの手で終わらせようと命を断ったり、誰かを殺傷してしまうことが起こります。その矛先《ほこさき》は、自分を育てた親に向けられることもあります。

そこで最近では、セルフ・エスティームをいかに高めるかが教育の大きな課題の一つになっています。自分の存在を主張し、自信を持って行動し、価値観の異なる他人に対しても寛大に接するには、セルフ・エスティームが十分に育っている必要があるからです。

しかし、その一方で、セルフ・エスティームが過剰に高まって、ナルシシスト的になっている子どもたちも数多くいるようです。自尊心が過剰に高まると、人一倍傷つきやすくなると同時に、自分が思っている自己評価を脅《おびや》かされた時には、自分を脅かす人が許せなくなります。そして、傷ついたと感じた瞬間に、その感情を相手に怒りとしてぶつけてしまいます。自分を守るために相手を敵視し、暴力さえも正当化するのです。時には、衝動的に凄惨《せいさん》な行為に出てしまうこともあります。

被害者も加害者もナルシシスト化している場合には、些細《ささい》なケンカがあっという間に殺人事件にまで発展しても不思議ではありません。最近の衝動的な暴力事件や殺人事件の背後には、セルフ・エスティームのナルシシスト化があるのではないかと思います。どんな人でも暴力を正当化する可能性はありますが、ナルシシスト化が進んでいる子どもは、非常に危険です。客観的かつ倫理的に物事を考える能力が十分に発達してない子どもは、条件さえ整えば大人よりはるかに容易に人を殺《あや》めてしまうからです。

子どもを暴走させない安全装置

私は19歳の時に海外の軍隊に入り、最前線で敵に銃を向けたこともあります。その時の私には、恐ろしいことに罪悪感はありませんでした。なぜなら、訓練によって自尊心が過度に高められ、自分は他の人とは違うという万能感が与えられていたからです。そこに上官からの命令という「条件付け」が加わって、ためらうことなく銃口を敵に向けることができました。

現在の日本の子どもたちが置かれている状況は、私が兵士の時の環境と実によく似ています。暴力的なゲームやビデオによって毎日のように残虐《ざんぎゃく》なシーンを見ていれば、感覚は麻痺《まひ》していきます。性的な描写も同様です。実際の兵士と同じように、同じ動作を何度も反復することで耐性《たいせい》が生まれ、人を殺傷することへの拒否感が消えていくのです。そしてただ刺激だけを求めるようになってしまいます。本物の血も痛みもなければ、さらにエスカレートしやくなるでしょう。戦争映画ではよく敵を誹謗《ひぼう》するシーンがでてきますが、敵を物として扱い、怒りをぶつけることで、兵士は殺傷行為がしやすくなります。それは、誰かに怒りを抱いている子どもが、暴力的なゲームやビデオの中で憎むべき相手を敵と見なして、感情をぶつけているのとよく似ています。

また、FPVSG（個人視点射撃ゲーム）というタイプのゲームがありますが、これらの一部は、実際に軍隊で使用されています。人は情報の大半を視覚から取り入れますから、視覚を使ったメッセージがもっとも適しているのです。つまり、現代の子どもたちは、戦場で敵を殺すための訓練を、家庭で行っているようなものです。

周囲とのコミュニケーションがうまくいっていない子どもにとっては、こうしたゲームやビデオに出てくるヒーローは極めて身近な存在になります。なかでも、親子のコミュニケーションがうまくいってない家庭では、ゲームやビデオの悪影響は強くなります。親からの愛情とあるがままの自分を受け入れてもらえない子どもは、安心と安全を感じられないために、親の代役としてヒーローに望みを託すからです。最初は被害者として登場し、最後に復讐《ふくしゅう》をとげるヒーローは、怒りや悲しみを抱えた子どもにとって、理想的なもう一つの自分です。その思いがゆがんでいくと、次第に現実とバーチャルとの境が曖昧《あいまい》になってきます。例えば、いじめられている子どもが、いじめている相手を敵に見たててゲームを繰《く》り返す。相手への怒りを残酷《ざんこく》なシーンを通して何度も体験していく。その繰り返しが、おとなしくて内気な子どもを人殺しにすることもあります。

もちろん、残虐《ざんぎゃく》なゲームをしたり、ビデオを見ているすべての子どもにこのようなことが起こるわけではありません。問題はその程度や安全装置があるかどうかです。兵士にとっての安全装置は「上官の命令」です。命令があってこそ、敵の殺傷を正当化します。

一方、ゲームやビデオに高じる子どもにとっての安全装置は「親」です。このゲームやビデオにのめり込んでいる子どもに、一方的に「そんなことはしないで勉強しなさい」というのではなく、時には子どもにつきあってみましょう。主人公の誰かと自分自身を同一視しているようであれば、その理由を聴いてみると、子どもの心に秘められた感情に触れることができるようになれます。子どもの感情を受け止め、危険を感じたら積極的に会話を交わすといいでしょう。そうすることで自然に〝安全装置〟が機能し始めます。

●ポイント4

子どもの話を聴く時は作業をやめ、からだ全体で受け止めるような気持ちで

上手に聴くためのポイント

これまで何度も書いてきたように、子どもの安全と安心を望むのであれば、子どもの話をよく聴くことです。きちんと聴くとなったら、自分が行っている家事や仕事をやめ、体全体で受け止めるような気持ちになることが大切です。

子どもはまず、親が自分と向かい合い、しっかり話を聴いてくれるというプロセスを評価します。これができていれば、親が自分の言うことを間違って解釈したとしても、「そうじゃないよ」「僕が言いたいのはね」と訂正してくれるでしょう。すると「そうか、こ

ういうことを言いたいんだね」と話をつなげていくことができます。ところが、身が入っていないと、「そんなことを言ってるんじゃない」と怒ったり、「なにもわかってくれない」と子どもは落胆することになります。

上手に聴くには、いくつかのポイントを知っておくとうまくいくものです。例えば、何らかの理由で一時的に公園で遊ぶことを禁止した時、子どもが「どうして僕だけダメなんだ！」と不満をぶつけてくることがあります。普通は「駄目なものはだめなの」とか「変な人もいるから危ないのよ」といった答え方をするでしょうが、これは意見の押しつけであり、子どもの意見をまったく聴いていません。

子どもの意見を理解し、「お母さんが公園で遊ぶなって命令したと思っているのね」とまず受け止めて返答する答え方があります。子どもは何らかの理由で抗議をしているわけですから、そこから理由を聴かせてもらうのです。すると、子どもは「そうだよ。○○ちゃんと一緒に遊びたいのにどうしてダメなんだ」と具体的な文句を口にするようになります。

ここで大切なのは、子どものありのままを理解することです。子どもは親に否定的なことを言う場合でも、その言動には会話に役立つ情報が含まれているものです。親にとっては否定的な言い方は不愉快かも知れませんが、具体的に表現してくれたことは、親子で話し合う余地がまだあるのです。そのことを感謝すべきでしょう。

「ルールだから仕方ないでしょ！」と感情的に命令するのではなく、たとえば「友だちがいるから公園で遊びたいのね。隠さずに言ってくれてうれしいわ」と言ってはどうでしょう。こうした言い方ならば子どもを責《せ》めることなく、今後のコミュニケーションを円滑《えんかつ》に行える下地となっていきます。

　その上で、お互いの立場を尊重しながら納得を得られやすい解決を目指しましょう。

　基本は、親が力によってコントロールするのではなく、子どもの自立を認め、会話を通じて解決への目標を見つけだすことです。子どもの要望を入れながら、親として妥協できるラインを明確にしながら、現実的な内容を子どもと一緒に話し合うのです。

　先ほどの例で行けば、子どもの理由次第では「なるほど。あなたのその言い分ももっともだね。じゃあ、○○ちゃんと遊ぶのならいいわ。どう？」と承認を求めます。承認を求められることに子どもは悪い気持ちは抱かないものです。もちろん事前に、○○ちゃんがどんな子どもか教えてもらうことも必要になるかもしれません。

　問題を解決する会話では、論点がずれないようにしたいものです。子どもの意見を十分に聴き、親の視点だけで、結論を出すことに必死にならないことです。

人は誰でも自分の才能や特性、価値を「認められたい」と思っています。認められないと、子どもは傷つきます。大人も同じです。否定され続けると、自信や目標達成意欲が失われていきます。それはやがて自己否定へとつながっていきます。

そして、自己否定の裏で自分をそこに貶《おとし》めた相手に憎悪を抱くことがあります。この時、最後の力を振り絞《しぼ》って、惨《みじ》めで不幸な自分の状況から脱出する方法として、自他を傷つける暴力を正当化しがちとなります。

子どもを見ていて「何か様子がヘンだな」と思った時が、子どもに声をかけるタイミングです。いつも子どもに注意を向けていれば、子どもが発するサインを見つけられるはずです。その時は、「どうしたの？　何かあったのなら、いつでも相談に乗るわよ」と、まずは優しく問いかけてください。

●ポイント5

親子のコミュニケーションがきちんととれていれば、被害者にも加害者にもなりにくい

■■■■ 犯罪はコミュニケーションの歪《ゆが》みが生み出す ■■■■

子どもを狙う犯罪者に対して、私たちは「違う世界に住んでいる人」「常軌《じょうき》を逸した人」「まったく理解不能な人」といった嫌悪感《けんおかん》を持ってはいないでしょうか。しかし、子どもを狙った犯人の動機や立場を分析していくと、彼らには「認められたい」「満たされたい」という心の奥底からの叫びがあるということに気づきます。彼らは違う世界に住んでいる常軌《じょうき》を逸《いっ》した人たちではなく、私たちと同じ世界に住む仲間なのだと私は考えています。

ただ、なんらかの理由で追いつめられ、犯罪に手を染めるしか選択肢が最終的になくな

っているのではないかと、私は思うのです。

その理由の一つには、いささか図式的かもしれませんが、親子のコミュニケーションの悪化が考えられます。親子のコミュニケーションがうまくいかないと、子ども（もちろん、親も）の人格形成に支障がでます。そして、自分自身の存在を自ら認めることができず、思い煩《わずら》い、精神的に不安定な状態に陥《おちい》ってしまうのです。いじめの犠牲者になったり、リストカットや自殺志願者、という被害者にとどまらず、性犯罪者の誘惑に負けたり、鬱積《うつせき》された心の闇《やみ》を解放しようとして、周囲への暴力に手を染めてしまうのではないか、と私は考えています。

大阪の池田小学校を襲撃《しゅうげき》した宅間伸死刑囚にしろ、奈良や広島の女児誘拐殺人事件、秋田の主婦による連続殺人事件など、これらの加害者はいずれも過去には被害者であり、結果的には、自らの心の闇《やみ》を解放するために他人を狙ったと考えられます。被害者から加害者への変貌《へんぼう》に加えて、両親や周囲の人々から負の影響が数多くあったことも起因しているといえます。

私は、暴力や犯罪はコミュニケーションが歪《ゆが》んだ最終的な形だと考えています。子どもの自立がうまくいくことで、子どもを未来の加害者として育ててしまうことはなくなるのではないかとさえ、思っています。

だからこそ、家庭のあり方が非常に重要なのです。家にいてもくつろげない。家族と一緒だと息詰まるような気がする。食事を一緒にとらない。会話がない、笑いがないといった家庭では、大人だけでなく、精神的に弱い子どもは安心や安全を家庭の外に求めます。子どもでも大人でもそれは同じです。

大人であれば、知人や同僚に悩みを打ち明けることもあれば、心の葛藤《かっとう》を家庭の中でぶつける人もいるでしょう。妻や子どもに対する虐待《ぎゃくたい》や家庭内暴力はその例です。

一方、子どもはリストカットや自殺を試み、自分への理解を求めて非行グループに入ったり、インターネットの世界で妄想《もうそう》にふけったりするようになります。こうした心理状態の中で、親が救世主気取りで「あなたの力になりたい」と言っても子どもは素直に聞かないでしょう。

子どもを守るためには、「安全と安心を感じられる場」として、家庭という最後の砦《とりで》を親が本気になって守ることです。それは子どもに対してだけでなく、親にとっても重要なことであるはずです。

家庭が、家族それぞれにとって「自分が受け入れられているという帰属感を感じられる場」であり、「無条件で安全と安心を求められる場」であるならば、子どもが何か問題を抱えていても、その問題の解決に向かってあえいで疲れた時にも、安心して心を開いてくれるようになります。

子どもが転《ころ》んで膝《ひざ》をすりむいて泣き出したら、ほとんどの親はきっとすばやく駆《か》け寄り、安心させ、傷を確認することでしょう。痛みや恐怖に直面している子どもは、無意識に安全と安心を求めています。そしてそれを与えてくれるのは、本能的に親だと信じています。その時にもしも「しっかり前を見なさいと言ったでしょう」「よそ見をしていた自分が悪いんだから泣いちゃだめ」などと責《せ》めれば、子どもの気持ちは打ち砕《くだ》かれます。

子どもが抱える問題の多くを解決する鍵《かぎ》は親が握っています。なぜなら、子どもは親を模倣《もほう》して育つからです。そこで、普段、無意識に行っている子どもとのコミュニケーションがうまくとれているか、親離れ子離れも含めて良い関係ができているかどうかをもう一度見直してみてはどうでしょうか？

自分の子育ては子育て雑誌の真似ではないのかとか、親同士の見栄《みえ》で本当は必要ないことをやっていないかと自問自答すると、答えが見えてきます。親が不安なことは子どもも不安に感じるものです。まずは、自分が本当に納得できる自分の子育てをやって欲しいと思います。子どもを様ざまな犯罪やいじめから守る最善の方法は、子どもが帰属感を持てる家庭を作ることがなにより大切なのですから。

わが子が被害にあった時の対処の仕方

最後に、自分の子どもが犯罪や暴力に巻き込まれた時、あるいは巻き込まれたと訴えた時の、親の対応の仕方をまとめておきたいと思います。これは子どもが被害者でも加害者でも同じことです。

■第1のルール［親が動揺しないこと］

事件にわが子が巻き込まれれば、混乱し動揺するのは親として当たり前のことです。しかし、親がパニックになれば子どもの不安や恐怖はふくれあがり、自責の念や親の怒りを恐れて心身ともに硬直してしまうでしょう。これまで述べてきたように、あなたが子どもに「何かあったら、いつでも相談してね」と言ってきたのは、何があっても親としてあなたを守るという意志表示でもあるのです。

■第2のルール［子どもが安心して話せる安全な空間を提供すること］

話を聴く時は、家事を中断する、テレビを消して携帯電話の電源を切るなど、注意が妨げられないような環境にしてください。それは「今から話をきちんと聴くよ」という意思表示になります。

また、子どもが安心して話せるためには、「子どもが語りやすい空間」を作ることが求められます。話を聴くにあたっては、問題を抱えているのは子どもであって、自分は問題解決を支援する立場にあることを十分に認識してください。親の一方的な不安や心配、そして怒りを優先させた「空間」は、子どもを混乱させるだけです。

■第3のルール［子どものペースで話を聴くこと］

ゆっくりと子どもには話をしてもらい、途中で話を遮《さえぎ》らないことが大切です。子どもは親の反応を確かめながら話します。話のつじつまが合わなかったり、細切れであっても急《せ》かせることがないように注意してください。

■第4のルール［意識的に開かれた質問を使うこと］

子どもが「はい」「いいえ」でしか答えられないような誘導的な閉ざされた質問は避《さ》けましょう。例えば「あなたがやったんでしょ？」と決めつけるような質問の仕方です。それよりは、「何があったのか話してくれるかな」といったように質問して、子どもが自由意志で語れる、開かれた質問をすることです。また、質問は簡潔明瞭《かんけつめいりょう》を心掛けて、親の興味本位で聞きたいことだけを質問しないようにしましょう。

■第5のルール［必要に応じて、適切な手段を講じること］

親が自分だけで解決できないと判断したら、心理支援団体、カウンセラー、警察など、外部に助けを求めましょう。また、子どもが被害者となった時、もしくは加害者として事件や犯罪に関わった恐れがある時、心のケアと併行して、目の前にあるすべての証拠は保管してください。

親として最優先することは、子どもの安全と安心を確保することです。被害者となった子ども責《せ》めることはせず、加害者に怒ったり、正義感を振りかざして一方的に問題を解決しようとして焦《あせ》らないことが大切です。

子どもたちへの贈り物

読み切り創作物語（連載②）

大村祐子

大村祐子（おおむらゆうこ）●ひびきの村ミカエル・カレッジ代表。

1945年生まれ。米国カリフォルニア州にあるR・シュタイナー・カレッジで学び、90〜92年、同カレッジで、日本人のための「自然と芸術」コースを開始。96年より、北海道伊達市でシュタイナー思想を実践する「ひびきの村」をスタート。著書に『わたしの話を聞いてくれますか』『シュタイナーに学ぶ通信講座』1・2・3期、『ひびきの村　シュタイナー教育の模擬授業』『創作おはなし絵本シリーズ①②』『昨日に聞けば明日が見える』『子どもが変わる魔法のおはなし』（いずれもほんの木刊）などがある。

キンポウゲの種

今日も、さちこちゃんはおうちの中から窓越しにお庭を見ています。そして、おおきなためいきをつきながらおばあちゃんに聞きました。

「おばあちゃん、お庭にまだ雪がつもっているよ。いつになったら雪がとけて春になるのかなあ?」

「まーだ、まだですよ。あと三十も寝たら、ぴっかぴかのお陽さまが一本松のてっぺんから『おはよう!』って出てきてね、雪をとかすの。そうなったら、春はもうすぐ!」

さちこちゃんは、春になるのがまちどおしくてたまりません。おうちのまえの道も、だいすきな公園も、さちこちゃんのおうちの庭も、今はみーんな雪におおわれていますが、春になったら雪がとけて、まっくろなホカホカした土が顔を出します。そうしたら、「キンポウゲの種をお庭にまこうね」と、さちこちゃんはおばあちゃんと約束したのです。

さちこちゃんのおばあちゃんの手は魔法の手! おばあちゃんが種をまくと、どんなに古い種も、しわしわの種も、カチンカチンの種も、みーんなきれいな花を咲かせるのです。これまでおばあちゃんがまいた種が花を咲かせなかったことはいちどもありません。

ですから、おばあちゃんのおともだちはもちろんのこと、さちこちゃんのおかあさんのおともだちも、しんせきのおばさんやおねえさんも、そして近所のひとも、みーんないろんな花の種を、おばあちゃんに持ってきます。

「おそうじしていたらつくえのすみから出てきたんだけど、これ何の種かしら?」

「どれどれ…えーっと、これはコスモスの種ですね。春のおわりにまいたら、秋にはきれいな花が咲きますよ」

「おともだちにひまわりの種をたくさんいただいたので、お裾分《すそわ》けでーす」

「あーら、ありがとう! ひまわりの花を見るといつでも元気がでますね」

「おばあちゃんがキンポウゲの花がお好きだって聞きましたので、持ってきました。たくさん咲かせてくださいね」

「まあまあよくご存知で! キンポウゲが咲くとお庭がとてもにぎやかになって…それでわたしはだいすきなんです。ぜひ、見にいらしてくださいね」

　訪ねてきたひとたちとこんな話をしながら、おばあちゃんも春がくる日を心待ちにしているのですよ。こんなふうですから、おばあちゃんはお花の種をたーくさん、たーくさん持っているのです。そしてその種をおおきなビンの中に入れ、棚にならべて毎日ニコニコしながら眺《なが》めているのです。

ある日のことでした。おばあちゃんはいつものように棚に並んでいるビンを眺めながら…《ピンクいろの桜草は門口《かどぐち》に、赤、黄、白のチューリップは花壇のまんなかに、むらさきいろのパンジーはそのまわりに、そしてカレンデュラは…》と、おもいめぐらせていると、どこからか言いあらそう声が聞こえてきました。はてさて？　…耳をすますと、キンポウゲの種が入っているビンの中から聞こえてくるようでした。

「へーん、おまえはずいぶん古びているな！　からだ中がしわしわじゃないか！」

「おまけにカッチンカッチンでさあ」

「それに見て！　からだじゅうがまーっくろよ」

「おまえみたいに古くてきたない種に花が咲かせられるわけがないよな！」

どうも、キンポウゲの古い種が、ほかの種にいじめられているようでした。

「そんなことないよ。たしかにぼくは古いけれど、ここの家のおばあちゃんがまいたら、どんなに古い種でも芽を出して花を咲かせることができる、って聞いたよ」

「おばあちゃんが花を咲かせる名人だっていっても、おまえみたいにふるーい、ふるーい種なんか、芽を出させることなんてできっこないよ」

「あきらめるのね！　あなたは一生種のままよ」

「おまえみたいにきたない種といっしょにいると、こっちまでよごれてしまう！　あっちへ行けよ！」

「そうよ、そうよ、わたしにさわらないで！」

そして、なにやらもみ合っているようなガシャガシャ、ザワザワという音がすると、それっきりなにも聞こえてはきませんでした。

おばあちゃんは棚のまえですこしの間かんがえていました。そして「そうだ、そうしよう！」と言うとキンポウゲの種を入れたビンを手に取り、ビンのふたをあけると種をざーっとテーブルの上にひろげたのでした。そしておばあちゃんはしなびて黒いカチンカチンの種をさがしました。かわいそうに、その種は小さく身をちぢこませてふるえ、泣いているのでした。

「かわいそうに…もうしんぱいしなくていいのよ。わたしがあなたを土にまいて大事に、大事に育て、必ず花を咲かせてあげますからね」

おばあちゃんはそう言って、そのちいさな種をていねいに布でくるむとひきだしの中にしまったのでした。

それからさちこちゃんは三十寝ました。すると、おばあちゃんが言ったようにお陽さまは松の木のてっぺんから顔を出し、お庭の雪に一日中にこにこと笑いかけるのでした。そして雪はとうとうとけてなくなってしまいました。そして土の中からポカポカとあったかい湯気があがり、「あしたはキンポウゲの種をまきましょうね」と、おばあちゃんがさちこちゃんに言ったのです。

おばあちゃんはほっかほかの土に小さな穴をあけて、一粒の種をていねいに、まきました。あんなにたくさんあったキンポウゲの種を、おばあちゃんはどうしてまかなかったのでしょう…さちこちゃんは知っていました。古くて、黒くてカチンカチンの種をばかにして、悪口をいい、いじめ、こずいたり、けとばしたりした意地のわるい種を、おばあちゃんはまくわけにはいかなかったのです。なぜなら、そんな心のよごれた種が花を咲かせたら、おばあちゃんのお庭はきたなくなってしまうからです。そして、その花が種をつくり、その種がまた花を咲かせたら、日本中の、いえ、世界中のお庭が意地のわるい、心のよごれたキンポウゲでいっぱいになってしまうことでしょう。おばあちゃんはそんなことをするわけにはいかなかったのです。よわいものをいじめ、ばかにする心のよごれた種は、けっして花をさかせることができません。

あとがき

子どもを狙った凶悪な犯罪が頻発《ひんぱつ》し、毎日にように罪のない子どもたちが犠牲になっています。しかし、昔は子どもを対象にした犯罪がなかったかというとそんなことはありません。昔もあったのですが被害が減ることはなく、むしろ増加しているようなのです。

現在、子育て真っ最中の親御さんが子どもであった頃は、いまほど厳しく子どもの安全や防犯について注意する必要はありませんでした。そのため、学校でも親からも安全教育や防犯教育をほとんど受けてきませんでした。ところが、急に凶悪で無差別的な犯罪が続発しているために、どうしたらいいのかと戸惑っている親や教師の方がたが多いのが現実の姿ではないでしょうか。「教育的な観点からは子どもに人を信頼してほしい。しかし、そう教えることで犯罪に巻き込まれるのではないか」「子どもには外でのびのびと遊んで欲しい。でも、犯罪被害のことを考えると、安易に子どもを外に出すわけにはいかない」。こうした悩みを私たちは何人ものお母さんやお父さんから聞いています。子育てと安全・防犯についての戸惑いは、ここに典型的に現れているように思います。

本書では、こうした戸惑いに対し、親はどういう心構えで、何をしたらいいのかについて、子育ての視点から、そして学校教育に到る中でお答えしたつもりです。

危機管理アドバイザーの国崎信江先生（第1章）は現在3人のお子さんの子育ての真っ最中で

すから、現実に日々どうやって子どもの安全を確保していくかのという母親としての立場からも具体的な提案をいただきました。

小宮信夫先生（第2章）は、法務省の職員として刑務所に勤めていたご経験と、犯罪防止の先進国であるヨーロッパでの学びから、いまの日本の防犯に決定的に欠落している視点を指摘していただきました。また、子どもを犯罪から本当に守ろうとするならば、人間関係を閉じることではなく、開いていくことの方が重要なのだという指摘は、人間関係を縮小し続けている現代の日本社会全体の傾向への懸念にもなっていると思います。

内田良子先生（第4章）の、親がしっかりした自分の意見を持って、言うべきことはきちんと言うことと、子どもと親の安心関係を構築すること、そして「NOと言える」子どもの意志を育てることがいじめには大切だという指摘されています。

毛利元貞先生（第3章、第5章）は、犯罪から子どもを守ろうとする時の根底には、親子のきちんとしたコミュニケーションが不可欠だと繰り返しお話になられています。犯罪は子どもの不安から、そして子どもの不安は親が作るのだという指摘、あるいは、自己表現のはっきりできる子どもは犯罪に巻き込まれにくくなるという要点は、親の子育ての基本的な姿勢が防犯においても極めて重要だと改めて教えてくれます。

犯罪が起こると、テレビなどは連日大騒ぎをします。それが不安をあおるだけになっていることもしばしばあるように思います。しかし、わが子を守るために親としてできることは、子どもの服装や親の普段の行動や子どもに接する態度、家族関係の重要性や子どものコミュニケーション能力の向上といったことを基本に、その上で防犯についての意識と行動を繰り返し子どもに身につけさせることです。

この本の構成では、子どもたちの犯罪に全体の多くのページを使いました。幼時期ではいじめよりも犯罪が緊急課題だと考えたからです。

しかし、いじめもまた、幼時期のしつけや親の注意力をもった子育てで、そのリスクを減らせると思います。犯罪予防、いじめ予防には、共通した生活習慣への知恵が必要です。

マスコミの過剰な報道に踊らされることなく、親として子どもの安全のためにできることを一歩一歩実行していただき、私たちの仮説から出発したこの本のテーマが、一件でも悲劇的な事件を減らすことに貢献できれば、と願っています。

２００７年２月

ほんの木編集部

子どもたちの幸せな未来ブックス　第５期②

犯罪といじめから子どもを守る幼児期の生活習慣

2007年２月28日 第１刷発行
2009年４月４日 第２刷発行

企画・製作――――――(株)パンクリエイティブ
プロデュース ――――柴田敬三
編集――――――――戸矢晃一
発行人―――――――高橋利直
総務――――――――小倉秀夫
営業・広報――――――野洋介・丸山弘志
発売――――――――(株)ほんの木
〒101-0054 東京都千代田区神田錦町3-21 三錦ビル
Tel. 03-3291-3011 Fax. 03-3291-3030
http://www.honnoki.co.jp/
E-mail　info@honnoki.co.jp
競争のない教育と子育てを考えるブログ　http://alteredu.exblog.jp

ISBN978-4-7752-0047-6
郵便振替口座　00120-4-251523　加入者名　ほんの木
印刷所　中央精版印刷株式会社

2002年～2003年刊

1 もっと知りたい、シュタイナー幼児教育

芸術教育や情操教育として注目のシュタイナーの幼児教育をわかりやすく特集しました。

＊幼稚園26年間の実績から学ぶシュタイナー幼児教育

＊「シュタイナー教育相談室」など

【主な登場者】高橋弘子さん（前那須みふじ幼稚園園長）／吉良創さん（南沢シュタイナー子ども園教師）／大村祐子さん（ミカエル・カレッジ代表）他

2 育児、子育て、自然流って何だろう？

先輩ママの実践した自然流子育てで子どもはどう成長するか、親としての心構えなどをご紹介します。

＊自然な育児、子育て、基本の基本

＊私の実践した自然流子育て～そのポイントと生活スタイル　など

【主な登場者】真弓定夫さん（小児科医師）／はせくらみゆきさん（アートセラピスト）／自然育児友の会／西川隆範さん（シュタイナー研究家）他

3 どうしていますか？　子どもの性教育

誰もが子育てで一度は悩む、子どもと性の問題を家庭でどのように解決していくかがよくわかる特集です。

＊「性」を通して子どもたちに伝えたいこと

＊性教育アンケート　など

【主な登場者】北沢杏子さん（性を語る会代表）／矢島床子さん（助産師）／小貫大輔さん（東海大学助教授）他

●お申込み　ほんの木　TEL.03-3291-3011 FAX.03-3291-3030
〒101-0054東京都千代田区神田錦町3-21　三錦ビル

子どもたちの幸せな未来シリーズ第1期

4 子どもたちを不慮のケガ・事故から守る

子どもの死亡原因の1位は不慮の事故。思いがけない事故の予防策について実践的、具体的に紹介します。

＊不慮の事故はどうして起こるか

＊ケガ・事故を未然に防ぐ工夫　など

【主な登場者】ウテ・クレーマーさん（ブラジルシュタイナー共同体代表）／大村祐子さん（ひびきの村ミカエル・カレッジ代表）／安部利恵さん（栄養士）他

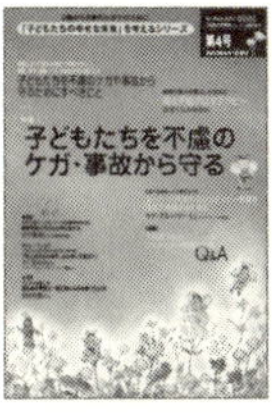

5 見えていますか？　子どものストレス、親のストレス

少しでも楽しくストレスのない環境でゆったりと子育てする方法を特集。

＊子どもにストレスを与えないシュタイナー幼稚園の環境づくり

＊自分を受け入れることから始める子育て　など

【主な登場者】鳥山敏子さん（賢治の学校教師）／菅原里香さん（こすもす幼稚園教諭）／岩川直樹さん（埼玉大学教育学部教授）他

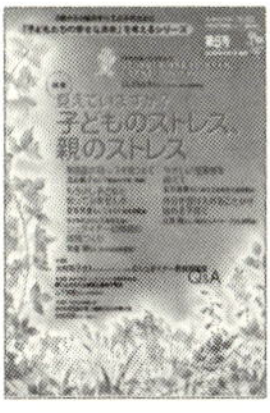

6 子どもの心を本当に育てる、しつけと叱り方

子どもをうまく育てたいと思えば思うほど考え込んでしまう叱り方、しつけ方。心を育てる叱り方、しつけ方について考えました。

＊大人の真似から「しつけ」は始まる

＊わたしの叱り方　など

【主な登場者】堀内節子さん（にじの森幼稚園前園長）／森田ゆりさん（エンパワメントセンター主宰）／汐見稔幸さん（白梅学園大学学長）他

子どもたちの幸せな未来「第1期」全6冊　●B5サイズ・64ページ
●各号定価1400円（税込・送料サービス）●6冊セット割引あり。詳細はほんの木まで。

7 心と体を健やかに育てる食事

素材や栄養価にこだわりながら、食事が楽しくなる食卓づくりと食育の基本を学びます。
＊食卓から始まる健康子育て
＊知って得する野菜の豆知識　など

【主な登場者】東城百合子さん（自然療法研究家）／大住祐子さん（シュタイナー医療研究家）／大澤博さん（岩手大学名誉教授）／大澤真木子さん（東京女子医科大学教授）他

8 お話、絵本、読み聞かせ

絵や写真のないお話だけを聞くことで子どもの想像力は育ちます。お話には、子どもの心と想像力を育てる力があります。
＊お話が育てるこころと想像力
＊こどもの好きな絵本　など

【主な登場者】高橋弘子さん（前那須みふじ幼稚園園長）／としくらえみさん（シュタイナー絵画教師）／赤木かん子さん（子どもの絵本の専門家）他

9 シュタイナー教育に学ぶ　子どものこころの育て方

温かい心を持った子ども、優しい心を持った子ども、目に見えない「こころ」の育て方を特集しました。
＊子どもの内面への信頼
＊子どもがほんとうに安心できる場所　など

【主な登場者】高久和子さん（春岡シュタイナー子ども園教師）／森章吾さん（シュタイナー小学生クラス教師）／山下直樹さん（治癒教育家）他

●お申込み　ほんの木　TEL.03-3291-3011 FAX.03-3291-3030
〒101-0054東京都千代田区神田錦町3-21　三錦ビル

子どもたちの幸せな未来シリーズ第2期

10 子育て　これだけは知りたい聞きたい

子どもを見るってどう見ればいいのでしょうか？　子どもの成長・発達、子どもの幸せをトータルに考えます。

＊子育てが下手でも恥ではない
＊母親の食事が子どもを育てる　など

【主な登場者】小西行郎さん（東京女子医科大学教授）／正高信男さん（京都大学霊長類研究所教授）／宗祥子さん（松が丘助産院助産師）／安保徹さん（新潟大学大学院医学部教授）他

11 子どもの感受性を育てるシュタイナーの芸術体験

子どもの好奇心をつぶさないでください。シュタイナー教育を中心に子どもの形成力を高める芸術を体験に基づいて学びます。

＊シュタイナー教育における芸術
＊色を体験することの大切さ　など

【主な登場者】大嶋まりさん（東京シュタイナーシューレ）／高久真弓さん（オイリュトミスト）／見尾三保子さん（「ミオ塾」代表）他

12 年齢別子育て・育児、なるほど知恵袋

子どもの成長を知って、余裕ある子育てをするための方法、子どもの年齢に応じた育児を特集しました。

＊余裕のある子育てを
＊シュタイナー教育による「子どもの年齢に応じた育児」など

【主な登場者】汐見稔幸さん（白梅学園大学学長）／真弓定夫さん（小児科医師）／山口創さん（桜美林大学准教授）他

子どもたちの幸せな未来「第2期」全6冊　●B5サイズ・64ページ
●各号定価1400円（税込・送料サービス）●6冊セット割引あり。詳細はほんの木まで。

① 共働きの子育て、父親の子育て

子どもと一緒にいる時間が少ない、十分に子どもの面倒が見られないと悩みや不安を抱える親御さんが少なくありません。共働きの家庭や父親の子育てへの参加について考えます。

【主な登場者】毛利子来さん（毛利医院医師）／佐々木正美さん（児童精神科医）／正高信男さん（京都大学霊長類研究所教授）／赤石千衣子さん（しんぐるまざあずふぉーらむ）他

② 子どもの健康と食からの子育て

子どもたちの体が年々弱くなっています。また、子どもの行動や心にも、かつて見られなかった不可解な兆候が現れています。今日からできる健康な食育のポイントを提案します。

【主な登場者】幕内秀夫さん（栄養管理士）／神山潤さん（小児科医）／原田碩三さん（兵庫教育大学名誉教授）／山田真さん（小児科医）／藤村亜紀さん（陽だまりサロン主宰）他

③ 子どもの心と脳が危ない！

テレビやゲーム、パソコンなどが子どもに及ぼす影響について、小児科医や脳科学者、幼児教育者らが声をあげ始めました。テレビやゲームとの安心安全なつき合い方の特集です。

【主な登場者】佐々木正美さん（児童精神科医）／森昭雄さん（日本大学教授）／吉良創さん（南沢シュタイナー子ども園教師）／内海裕美さん（小児科医）／神山潤さん（小児科医）他

2005年～2006年

❶子どもが幸せになる6つの習慣〈ほんの木 編〉

食育、健康、年齢別成長、ストレス、免疫力、テレビと脳など18人の「子どもの専門家」が教えてくれたとっておきの子育て法。幼児期の生活習慣は将来を決めます。

★陰山英男さん、幕内秀夫さん、真弓定夫さん、毛利子来さん、森昭雄さん、東城百合子さんらにご登場いただきました。

❷幸せな子育てを見つける本〈はせくらみゆき 著〉

自らの子育ての中で気づいた、さまざまなスローな子育てのヒントを43のエッセンスとしてまとめた1冊。食、身体、生活、しつけ、教育など実例豊かなヒント集。

☆スローな子育てのポイント／スローな子育ての「食」／スローな子育ての「身体」／スローな子育ての「生活・しつけ・教育」など。

❸心に届く「しつけと愛の伝え方」〈ほんの木 編〉

かけがえのない親子関係を作るための、しつけやほめ方、叱り方。今しかできない子育ての秘訣、年齢に合わせた大切なことなど、子どもの心を本当に育てるアドバイス。

★佐々木正美さん、汐見稔幸さん、正高信男さん、見尾三保子さん、内田良子さん、森田ゆりさんら、15人の方々にご登場いただきました。

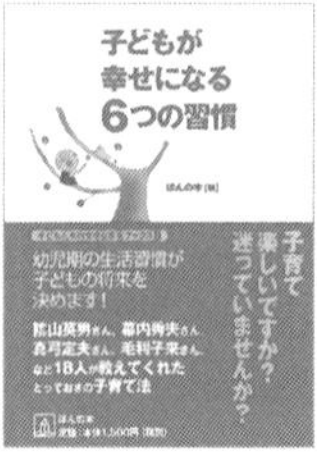

■お申し込み
ほんの木　FAX.03-3291-3030 TEL.03-3291-3011
〒101-0054　東京都千代田区神田錦町3-21　三錦ビル